KB047295

타투하는 의사

BOOK
JOURNALISM

타투하는 의사

발행일 ; 제1판 제1쇄 2022년 2월 7일
지은이 ; 조명신 발행인·편집인 ; 이연대
CCO ; 신기주 프린트 디렉터 ; 전찬우 에디터 ; 이다혜
디자인 ; 김지연 지원 ; 유지혜 고문 ; 손현우
펴낸곳 ; ㈜스리체어스 _ 서울시 중구 한강대로 416 13층
전화 ; 02 396 6266 팩스 ; 070 8627 6266
이메일 ; hello@bookjournalism.com
홈페이지 ; www.bookjournalism.com
출판등록 ; 2014년 6월 25일 제300 2014 81호.
ISBN ; 979 11 91652 49 9 03300

BOOK
JOURNALISM

타투하는 의사

조명신

: 우리는 오랜 시간 '사회적 합의'를 핑계 삼아 타투의 사회적 합의를 미루어 왔다. TV에선 여전히 연예인과 스포츠 스타의 타투를 가린다. 마치 배우의 흡연 장면을 모자이크하는 것과 같은 어색함이 느껴진다. 끽연처럼 타투는 누군가에게 그토록 위험한 것일까? 타투가 정말 위험할 때는 법적으로 보호받을 수 있는 영역 밖으로 사람들이 내몰리고 그들이 피해를 입어도 구제할 방법이 전혀 없을 때다.

차례

프롤로그   왜 지금 타투인가

2003년 미국 미시간주 디트로이트에 위치한 타투 스쿨에서 있었던 일이다. 당시 나는 그곳에 타투를 배우러 다니는 수강생이었는데, 주말이면 그 입구 앞에 50미터 정도의 긴 줄이 생겼다. 타투와 피어싱 시술을 받기 위해 온 사람들이었다. 흑인, 백인, 동양인, 라틴계 사람 등 다양한 피부색이 어우러져 시술을 기다리는 모습은 장관이었다. 당시만 해도 국내에선 몸에 타투가 있는 사람을 특정 직업군에서만 볼 수 있었던 터라 처음 보는 낯선 풍경에 충격을 받았다. 손에 10달러짜리 지폐를 말아서 꼭 쥐고 있는 모습도 인상적이었다. 그들은 아마추어 타투이스트에게 시술받는 것도 개의치 않았다. 한국에서라면 교육생에게 시술받는 조건으로 타투 가격을 할인해준다 해도 많은 고객이 기피했을 텐데 말이다. 오히려 이 기회에 저렴한 가격으로 타투를 받고 싶다는 생각들인지 자기 차례를 기다리는 모두가 들뜬 표정이었다. 심지어 한 흑인 여성은 가슴에 작은 타투를 해주자 울기 시작했다. '혹시 뭐가 잘못된 걸까' 하고 왜 우는지를 물어봤다. 그 여성의 대답은 "그냥 행복하다"는 것이었다. 나는 '타투가 도대체 이들에게 어떤 의미이기에 이렇게 사람을 울리기까지 할까'라는 의문을 가진 채, 한 달간의 타투 교육을 마친 후 한국으로 돌아왔다.

이 책의 부제 중 '합법화되지 못한 타투'라는 개념은 사실 틀렸다. 우리나라에서 타투가 불법이었던 적은 한 번도 없었다. 지난 1990년대 미국 뉴욕시가 공중위생상의 문제로 타투 시술을 금지했던 것처럼 과거 외국에서 타투가 불법이던 사례는 꽤 찾아볼 수 있으나 우리나라에선 찾기 힘들다. 불법과 합법 이전에 타투에 대한 논의 자체가 금기시되는 나라, '문신'이라는 단어만 들어도 거부감을 느끼는 나라였기 때문이다.

그러니 아직 30년 전 대법원 판례에 의존하는 게 언뜻 당연해 보인다. 1992년 대법원은 타투 시술을 '의료 행위'로 판단했다. 의료 행위는 의료인만이 할 수 있으며 이외의 사람들이 하는 건 불법이다. 이후 논란에 휩싸이자 2007년 헌법재판소는 "의료인이 아닌 자가 문신 시술을 하는 행위를 처벌하는 현행 보건범죄 단속법 관련 조항은 헌법에 위배되지 않는다"고 밝혔다. 문신 시술이 '의료 행위'에 해당하는지 여부를 판단하는 것 또한 법원의 고유 권한이라 했다.

그렇다면 의료인은 누구인가? 의료법 2조에 의거하면 의사, 치과의사, 한의사, 간호사에 해당한다. 하지만 법원과 보건복지부 측은 간호사의 타투 시술 또한 불법으로 규정하고 있다. 즉, 의사가 아닌 자가 하는 모든 타투 시술은 불법이며, 의사가 하는 타투 시술만이 합법이다. 일반인은 물론 의료계에 종사하는 사람들조차 많이들 모르는 부분이다.

지난해 6월 정의당 류호정 의원이 국회에서 자신의 등

에 타투 스티커를 붙이고 나온 퍼포먼스가 대중들에게 큰 논란이 됐다. 한쪽에선 국민이 정치인에게 바라는 시대정신이 타투의 합법화냐는 질타가 쏟아졌다. 다른 한쪽에선 기형적인 형태로 존재하는 타투 시장을 제도권으로 끌어와야 한다는 응원의 목소리가 잇따랐다. 최근 여당, 야당을 불문하고 타투 관련 법안을 발의하고 있다. 21대 국회에서 발의된 안건만 네 건이다. 타투를 바라보는 대중들의 시각은 분분하지만, 분명한 것은 30년 전 판례에 갇힌 타투 합법화에 대한 논의를 더는 늦출 수 없다는 것이다.

2019년 한국보건사회연구원의 〈문신 시술 실태조사 및 안전 관리 방안 마련〉[1] 보고서에 따르면 전국 만 13세 이상 남녀 1000명을 대상으로 조사한 결과, 응답자 중 20대의 26.9퍼센트가 타투 시술 유경험자로 나타났다. 30대의 경우 25.5퍼센트가 타투 경험이 있다고 말했다. 이들 중 조사 당시 기준 최근 1년 내에 시술받은 비율이 45퍼센트가 넘는다.

굳이 어려운 학술 자료로 말할 필요도 없다. 여름날 길거리에 나서면 팔뚝에 크고 작은 그림을 새긴 젊은 층을 어렵지 않게 볼 수 있는데 말이다. 홍대, 이태원, 성수동 등 젊은 층이 많이 거주하는 지역일수록 그런 현상은 자연스럽다. 타투는 더 이상 소수만이 비밀리에 즐기는 취향 혹은 특정 신분이나 직업군의 상징이 아니다. 이제 하나의 문화 현상으로 자

문신 및 반영구 화장 경험

연령	사례 수	문신	반영구 화장	경험 없음
10대	99건	7.4%	14.9%	81.8%
20대	228건	26.9%	37.9%	48.4%
30대	287건	25.5%	37.6%	47.2%
40대	219건	14.9%	35.3%	55.1%
50대 이상	167건	8.8%	25.4%	65.2%

* 한국보건사회연구원

리 잡은 타투는 젊은 층을 중심으로 급속하게 확산하고 있다.

반면 타투에 대한 논의는 어떤가? 방송에선 아직 연예인과 스포츠 스타의 타투를 스티커로 가리거나 모자이크 처리한다. 마치 TV 속 배우의 흡연 장면을 모자이크하는 것과 같은 어색함이 느껴진다. 끽연처럼 타투는 누군가에게 그토록 위험한 것일까? 연예인의 어깨에 새겨진 문양이 어린이에게 나쁜 마음을 심어 주고 시청자의 정서를 해치는가? 우리 병원을 방문한 고객 중 타투로부터 부정적인 영향을 받았다고 생각되는 사람은 아직까지 한 명도 없었다. 그들은 오히려 자신이 몸에 새기고자 하는 대상과의 동일시를 통해 긍지와 자존감을 얻는 것으로 보였다.

　타투가 합법화되지 못한 진짜 이유는 무엇일까. 지난 20년간 한국 타투 시장의 한가운데에서 타투에 대한 통제와 인식을 지켜봐 온 한 의사가, 의료인과 타투이스트 양측의 입장에서 타투 합법화 논쟁의 본질을 살피고자 한다. 타투는 흔히 두 가지로 알려져 있다. 하나는 몸에 그림을 그려 넣는 서화 문신이다. 다른 하나는 눈썹, 입술 등에 잉크를 새겨 화장을 대체하는 반영구 화장이다. 이 책에선 서화 문신과 반영구 화장 두 가지를 통틀어 타투로 지칭함을 미리 밝힌다. 불법적인 환경에서 지속적으로 문제를 제기해 온 타투 업계 종사자들, 내 일이 아니라고 생각했던 의료인들, 그리고 폐쇄적인 타투 시장에서 최종적인 피해를 감당해야 했던 소비자, 즉 국민들에게 이 책이 타투의 의미를 재조명하는 시작점이 됐으면 좋겠다.

1

나는 타투이스트가
되기로 결심했다

기술자에서 예술가로

1999년 여름, 한 중년 남성이 우리 병원을 찾았다. 팔에 새긴 장미 타투를 제거하고 싶다는 것이었다. 그 타투는 붉은색 잉크가 들어간 컬러 타투로, 이전까지 칙칙한 검은색 타투만 봐 온 내 눈엔 경이로울 정도의 문화 충격이었다. 당시에도 나는 수많은 타투를 제거해 온 성형외과 의사였다. 제거를 하며 한 번도 후회하거나 아쉬웠던 적은 없었다. 심장을 관통하는 화살, '차카게 살자', '사랑한다. 경숙아!(당시 고객은 경숙 씨와 헤어진 상태였다)' 등 내가 지웠던 타투들은 모두 몸에 그린 낙서 수준이었기 때문이다. 그런데 그 장미 그림을 본 순간부터 타투는 내게 제거해야 할 낙서가 아닌, 새겨 넣고 싶은 예술 작품이 됐다.

타투를 제거하는 것은 여러 차례 피부를 오려 내는 과정임에도 그 장미 타투 고객은 일관되게 통증과 시간을 견뎌 냈다. 그가 문신을 제거하려던 이유는 단순했다. 단지 아들과 목욕탕을 가고 싶기 때문이었다. 아들이 성장함에 따라 본인의 과거, 특히 힘든 시간의 흔적인 타투를 떳떳하게 설명할 자신이 없었던 것이다. 그는 상처로부터 자유로워지고 싶다고 말했다. 팔에 새긴 장미를 없애는 그 시간이 환자에게는 과거의 흔적을 지우는 과정이었지만, 나에겐 타투이스트라는 새로운 옷을 꿈꾸게 한 계기였다.

본격적으로 타투에 입문하려면 우선 선생님부터 찾아야 했다. 어떻게 하면 더 예쁜 눈, 매끄러운 피부를 만들 수 있을지만 연구해 왔을 뿐 타투 관련 기술에 대해선 일자무식이었으니 말이다. 20년 전엔 국내에서 타투를 전문적으로 시술하는 의사는 물론 일반 타투이스트조차 찾아보기 어려웠다. 나의 유일한 정보통, 장미 타투를 제거하러 온 손님에게 물어 자신을 시술해 줬다는 타투이스트 '키미'를 찾아갔다. 송탄의 미군 부대 앞 어느 골목이었다. 당시에는 동두천 미군 부대 타투이스트 키미와 송탄 미군 부대 타투이스트 키미가 타투계의 양대 산맥처럼 유명했다. 김씨 성을 가진 타투이스트들을 미군들이 발음하기 쉽게 '키미'라고 부르다 보니 우연찮게 국내 최고의 타투이스트 두 명이 동명이인이 된 것이다.

송탄 키미를 찾아 두꺼운 철문을 열고 들어간 타투 숍의 외관이 20년이 지난 지금도 머릿속에 선명하다. 그때는 마치 어느 범죄 현장으로 들어가는 듯한 스산한 느낌을 받았다. 불법이라는 그늘이 깊게 드리워진 공간이었다. 그 안에서 무슨 일이 벌어져도 외부 사람은 모를 것 같아 두렵기도 했다. 그런데 키미도 나를 두려워했다. 당시에도 타투는 의사가 아닌 일반인이 시술할 경우 불법이었다. 현재보다 처벌도 더욱 엄격했다. 타투를 배우고 싶은 학생으로서 방문한 자리였음에도 타투이스트 키미는 한동안 나를 경계하는 눈치였다. 혹시 내가 그를 단속하러 나온 형사가 아닌지 의심했던 것 같다. 나중에 안 사실이지만 키미는 정기적으로 단속 형사에게 협박을 받고 있었고 수차례 금전적 피해를 입은 상태였다. 소장하고 있던 타투 시술 용품들은 물론, 그때까지 그려 놓은 타투 도안을 모두 압수당한 상황이라고 했다. 갑자기 찾아온 나를 경계하는 것도 무리가 아닌 듯했다. 그러나 젊은 날의 열정과 패기를 타투에 불태우고 싶다며 조르는 내 모습에 감동받았는지, 혹은 빨리 가르쳐 주고 끝내자는 심산이었는지, 그는 마음의 문을 열었다. 키미는 자신의 노하우를 아낌없이 가르쳐 주었다. 덕분에 나는 타투 머신의 사용법, 타투 도안을 인체에 본뜨는 방법 등 타투 시술의 가장 기본적인 과정들을 빠르게 배울 수 있었고, 그 무렵 미군 부대를 통해 암암리에 구입한 타투 머신은 추억의 애장품이 됐다.

수천 건의 성형 수술을 한 의사로서 타투는 기계적 행위에 머물러 있던 삶으로부터의 일탈이었다. 무언가를 창작해 내는 예술가의 체취를 풍길 수 있다는 생각은 나를 더욱 들뜨게 했다. 자로 재듯 정형화되어 있는 성형 수술과 달리 같은 디자인이라도 누구에게, 어떻게 시술하느냐에 따라 다른 작품이 되는 타투의 세계는 순간마다 경이로웠다. 나는 살면서 쌍꺼풀 수술을 1만 건 이상 해왔지만, '나의 작품'이라 느껴본 적이 한 번도 없다. 그런데 타투는 달랐다. 바늘 한 땀 한

땀에 내 마음이 깃들었다. 또 성형 수술과 쓰는 기구도 다르고, 고객의 요구도 다르다. 그래서 늘 적당한 긴장감이 있다. 만약 나의 표현 능력을 넘는 작품을 요청하면 정중히 사양하지만 그렇다고 장르를 구별하지도 않는다. 선호하는 작품의 세계가 있지만 그것만 고집하지도 않는다. 그래서 타투를 한마디로 정의하라면 '자유'라고 말하고 싶다. 그 자유는 고객의 것이기도 하지만 시술자에게도 공평하게 적용된다. 고객과 시술자 모두 모양, 크기, 색깔을 제안할 수 있지만 늘 받아들여지는 것은 아니기 때문이다. 타투는 결국 자유와 소통의 결과물이다. 누군가의 몸에 있지만 온전히 그 사람만의 것은 아니라는 점에서 나는 타투에 그렇게나 매력을 느꼈나 보다.

하지만 타투의 무엇보다 큰 매력은 그 안에 담긴 다양한 사연들이다. 그 이야기들은 따로 책으로 남기고 싶을 정도로 깊고 넓다. 특히 10년 전 함께 병원에 찾아온 한 아버지와 아들을 떠올릴 때면 내 마음은 다시금 따뜻해진다. 60대 남자분과 이제 막 성인이 된 청년이었다. 20대의 아들이 타투를 하겠다고 하는데 60대의 아버지는 위험하다는 이유를 들어 결사반대했다. 아들은 병원에서 시술받는 조건으로 아버지로부터 승낙을 받았다. 아버지는 조폭들에게나 하는 타투를 설마 병원에서 시술하는지 의심이 들어 동행했던 것이다. 상담을 받는 내내 아버지는 주변을 두리번거리며 여기가 병원이 맞는지, 상담하는 저 사람이 의사가 맞는지 의심하는 눈치였다. 상담이 진행되면서 그는 내가 입은 흰 가운과 벽에 걸린 의사 면허증을 보고 확신을 얻는 듯했다. 그러다 상담이 끝날 즈음에는 불현듯 본인도 등에 호랑이를 그려 넣고 싶다고 했다. 그 또한 아들 나이 때에 타투를 하고 싶었는데 조폭으로 오해를 받을까 봐 끝내 못했다고 했다. 호랑이를 비롯해 그분의 좌우명까지 등에 새겼는데 작업 기간은 한 달 정도 걸렸다. 시술 마지막 날 아버지는 그동안 시술하는 과정이 행복했다고 얘기했다. 40대 늦은 나이에 아들을 낳아 세대 차이가 크다 보니 공감대가 거의 없어 집에서도 대화 없이 서먹서먹했는데, 이번 시술을 통해 아들과 가까워진 것 같다는 내용이었다. 그날 밤, 아버지 등에 알로에를 발라 주며 "오늘은 얼마나 아팠어요?"라고 물어보는 아들의 모습을 떠올리며 나 또한 시술자로서 행복했다.

아무도 없다면 나라도

처음 타투 시술을 할 당시 주변에서 타투 혹은 비슷한 시술이라도 하는 의사를 찾는 건 하늘의 별 따기였다. 당연히 배울 곳도 마땅치 않았다. 송탄 키미를 어렵게 찾아갔으나 배움이 오래 지속되진 못했다. 내 병원이 위치한 안양과 키미가 사는 송탄 사이 거리상의 제약이 컸다. 원래 운영하던 성형외과 진

2000년 5월 미국 디트로이트 타투 스쿨 앞에서

료와 타투를 겸업하기 벅찬 탓도 있었다.

　　이후 나와 같은 안양 지역에서 활동하는 타투이스트 '비기'를 알게 됐다. 그를 찾아가 기본적인 데생법과 타투 잉크 주입 원리를 자세히 교육받았으나 이 또한 한계가 있었다. 그 타투이스트의 문제가 아니었다. 타투가 불법인 국내에서 일대일 도제식 교육으로 이 기술을 숙련한다는 게 매우 어려운 일이라는 걸 깨달았다. 그래서 향한 곳이 미국 미시간주에 위치한 디트로이트 타투 스쿨이었다. 지금이야 해외 각지에 타투 교육 기관이 많이 생겨났지만, 당시 미국과 유럽을 통틀어 찾을 수 있던 공식적인 타투 교육 기관으로는 이곳이 유일

했다. 약 한 달 동안 나는 국내에선 보기 힘들던 타투 머신을 조작하는 방법, 도안을 디자인해 인체에 적용하는 방법 등을 익혔다.

그때 나를 가장 감동시킨 건 최첨단 타투 머신이나 세계적으로 유명한 타투이스트의 도안이 아니었다. 타투를 바라보던 미국인들의 거리낌 없고 투명한 시선이었다. 한국에 돌아와 본격적으로 타투 시술을 시작하며, 나는 몇 년만 지나면 우리나라도 미국처럼 타투에 개방적이고, 타투이스트들끼리 편하게 정보와 도움을 주고받을 수 있을 줄 알았다. '나부터라도 하다 보면 조만간 의사들 사이에 보편적인 시술이 되겠지' 생각하며 시작한 것이 벌써 20년 전이다. 그때나 지금이나 타투를 바라보는 우리의 시선은 별반 달라진 것이 없다. 선구자가 되겠다는 거창한 의지나 계획 없이 시작한 일이, 결국 오랜 시간을 거쳐 독점적이라는 얘기를 듣는 상황에 이른 것은 내 의도가 아니라 순전히 우연이다.

반면 타투를 시술받길 원하는 사람들의 수는 놀라울 정도로 늘어났다. 영국의 경제학자 케인즈John Maynard Keynes는 자유 시장 경제의 기본 원리를 "수요가 늘면 공급이 늘고 공급이 과도해지면 다시 새로운 소비가 창출되는 것"이라 말한다. 그러나 타투 시장은 이 원리와는 다르게 움직이고 있다. 합법의 영역은 작동하지 않고 비합법적인 시장만이 팽창하는 기형적 현상이 20년간 깊게 뿌리를 내렸다. 한국타투협회의 2019년 국회 발표에 따르면 타투 시술을 받는 소비자는 연간 200만 명에 이른다. 2018년 식품의약품안전처가 개최한 문신용 염료 안전 관리 방안 포럼[2]에서 염료 제조사 '더 스탠다드'가 발표한 국내 타투 피술자 수는 누적 300만 명이다. 눈썹, 입술 등 반영구 화장 경험자는 누적 1000만 명이다. 그런데 이들을 합법적으로 시술하고 있는 타투이스트, 즉 의사는 열 명 미만이다. 이 숫자마저 내가 15년 전 모 일간지와의 인터뷰에서 "아마 열 명 정도 될 거예요"라고 했던 게 현재까지 재인용되고 있는 것이다.

누구나 조금만 관심을 기울이면 알 수 있을 정도로, 타투 시장에 있어서 법과 현실의 간격은 지나치게 넓다. 법의 기능과 권위를 의심하게 된다. 불법인 행위가 음성화되는 과정 또한 필연적이다. 1920년대 미국이 실시한 금주법을 떠올려 보자. 누구나 어렵지 않게 술을 구입할 수 있는 현실에서 술을 먹지 말라는 법은 국민들을 고단하게 만들 뿐이었다. 타투에 있어서는 현재 우리의 현실도 이와 크게 다르지 않다. 의료인만이 타투 및 반영구 화장 시술을 할 수 있다는 대법원의 판결이 난 1992년은 군사 정권의 분위기가 여전히 남아 있던 시기다. 사회적으로, 특히 의료계는 보수적 사고가 지배적이었다. 1990년대의 논리가 현재까지 유령처럼 사회를 지배한 결과 타투 업계 전체의 수요와 공급은 불행하게도 여전히 엇갈리고 있다.

영구적인 화장이 필요한 사람들

타투는 다양한 모습과 용도로 우리 곁에 있다. 타투를 소비하는 사람들 사이에선 이제는 어떤 타투를 했는지가 주목받는 시대이지, 타투를 했냐 안 했냐는 관심조차 끌기 어려운 분위기다. 본원에서 가장 많이 하는 타투는 그림을 주제로 하는 서화 문신, 패션 타투 혹은 장식용 타투가 아니다. 메디컬 타투medical tattoo 혹은 재건 문신reconstructive tattoo이라고 불리는 전혀 낯선 분야이다. 가령 피부에 색소가 비정상적으로 소실되는 백반증의 경우, 피부색과 유사한 톤의 잉크를 사용해 정상 피부의 색을 재현해 내고 있다. 교통사고, 화상, 외과적 수술 등을 통해 생긴 상처 부위를 피부색으로 복원해 주는 과정도 모두 타투의 영역이다. 모발 이식으로 커버하기 어려운 두피에 모발과 비슷한 색의 잉크를 주입해 주는 타투 또한 이제 두피 문신이라는 이름으로 보편화됐다. 이러한 재건 치료의 영역에서 타투의 역할은 앞으로 계속 커질 것이다. 현대 의학으로도 해결할 수 없는 색소 질환 영역에서 타투는 새로운 해결책이 될 수 있기 때문이다. 현대 의학은 인류 역사상 질병을 치료하는 데에 상당한 진전을 보여 왔다. 특히 인류의 기대 수명

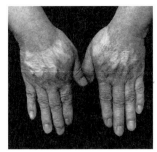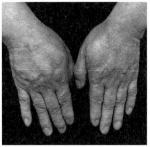

타투 잉크를 이용해 백반증 부위의 피부색을 균일하게 재현했다.

을 1950년대 40세에서 2020년 80세로 높여 줄 정도로 치료 의학이 발전했다. 그러나 치사율이 낮은, 혹은 내면의 질병을 치료하는 분야의 의학 발전은 이에 비해 매우 미미하다. 앞서 언급한 백반증을 다시 예로 들면, 피부에 색소가 사라지는 이 질환에 대한 관심은 다른 질환에 비해 턱없이 부족하다. 원인 에 대한 분석은 물론이고 임상 치료 또한 아직 연구 초기 단 계다. 백반증은 유색 인종의 질환일 뿐, 현대 의학 발달의 중 심이었던 백인들에게는 크게 문제가 되지 않던 질환이기 때 문이다.

백반증은 아프지 않다. 가렵지도 않다. 그러나 남에게 드러날 때 사회적 제약이 따르는 질환이다. 전염성이 없음에 도 사람들이 환자 가까이 가는 것조차 꺼린다. 그래서 환자들 은 몸보다 마음의 상처가 크다. 감추고 가리려 해도 다 가리지 못하는 경우 사회로부터 스스로 격리한다. 격리는 코로나19 이후 우리가 매일 해야 하는 일상의 의무로 자리 잡았지만, 백 반증 환자에겐 훨씬 옛날부터 익숙한 일이었다. 2주가 아닌 일생을 격리해야 하는 이들에게 치료제는 없다. 속 시원히 원 인을 얘기해 줄 사람도 없다. 타투는 이런 환자들에게 치료가 아닌 영구적인 화장을 시도한다.

타투 제거를 위해 우리 병원에 오는 사람들 중 50퍼센 트 이상은 몸에 있던 상처를 가리기 위해 타투를 하고 이를 뒤늦게 후회하는 경우다. 그림 자체가 좋아서 타투를 새기는 사람도 있지만, 누군가에게 타투는 타인에게 과시하거나 자 신을 표현하기 위한 화려한 수단이 아니다. 오히려 나를 감추 기 위한 도구일 뿐이다.

2년 전 소방관을 위한 무료 시술 이벤트를 진행했다. 화 재 진압 과정에서 전신 30퍼센트에 화상을 입은 신청자가 있 었는데, 그는 주위로부터 자신의 화상에 대해 영광의 상처이 니 훈장이니 하는 얘기를 자주 들었다고 한다. 그러나 정작 본 인에겐 자신의 몸에 남은 상처가 그냥 보기 싫은 자국일 뿐이 었다. 그 상처를 가리기 위해 타투를 결심해 우리 병원에 내원 했다. 본인의 상처를 가급적 완전히 가리기를 바라서 여러 차 례에 걸쳐 시술을 진행했다. 어깨에 있던 손바닥 정도의 흉터 위에 소방관 자신의 모습을, 허벅지에 있던 흉터 위엔 또 다른

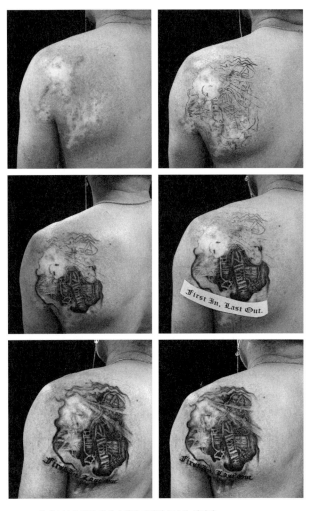

화재로 남은 흉터 위에 소방관 자신의 모습을 새겼다.

소방관의 모습을 새겨 드렸다. 그림과 함께 그가 꼭 새기길 원했던 문구도 있다. "First In, Last Out!" 화재 현장에 가장 먼저 들어가고 마지막에 나온다는 내용은 타투를 새기는 과정 내내 나 자신을 숙연하게 만들었다.

그를 비롯해 지금까지 나는 수많은 소방관에게 타투 시술을 해왔지만, 그들이 단지 남에게 멋져 보이기 위해서 타투를 새긴다고 생각한 적은 한 번도 없다. 오히려 내가 그들에게 느꼈던 것은 지난 상처를 극복하려는 의지와 소방관이라는 자신의 직업에 대한 긍지였다.

상처나 흉터를 가진 사람들을 대하며 그들의 상흔이 주변 사람들 눈에 보이는 것보다 훨씬 크다는 사실을 배웠다. 다른 사람들은 보이지 않거나 혹은 매우 미미해 보이는 상처가 정작 당사자들에게는 지구만큼 크고 심해만큼 깊게 느껴지는 것이다. 처음에는 눈에 잘 보이지도 않는 상처를 얘기하며 지워 달라고 할 때, 이해 못할 소리를 한다고 생각했다. 시술할 의사의 눈에도 보이지 않는 상처를 어떻게 치료해 줄 수 있겠는가. 그러나 시간이 지나면서 어렴풋하게나마 그들의 감정을 볼 수 있게 됐다. 아마도 상처에 얽힌 사연과 기억들이 내게도 그들을 보는 또 다른 눈을 갖게 해준 것 같다.

타투는 몸에 안 좋을까

"타투 해도 몸에 괜찮나요?" 병원에 찾아오는 많은 손님들이 궁금해하는 부분이다. 한 국회의원이 국회 좌담회에서 타투 시술을 미용실에서의 머리 손질과 비교한 적 있다. "이발하는 과정에서 고객의 귀를 자를 수도 있으니, 타투가 위험하다면 이발도 위험한 거 아니냐!" 그의 의도는 이해하나 이발과 타투의 위험성은 아예 다른 선상에 있다. 머리를 자르는 것은 그 자체로는 인체에 무해한 반면, 타투는 그 행위 자체가 위험할 수 있다. 인체 내 이물질을 주입하고 예리한 바늘로 피부에 상처를 내는 과정이기 때문이다. 이미 타투가 보편화되어 누구나 자유롭게 시술받고, 시술자에 대한 법적 규제가 우리나라보다 유연한 미국에서도 타투 시술에서 분쟁 발생 시 책임 보험료 인정 범위를 100만 달러, 한화 약 12억 원까지로 정해놓고 있다. 그것도 한 타투 숍에서 시술자 한 명이 가입해야 하는 금액이다. 미국 일반 미용실의 경우 미용사 1인당 10만 달러의 보험 가액을 요구하는 것과 비교되는 금액이다. 왜 보험 회사들은 타투이스트들에게 그만큼 높은 보험 가액을 요구하고 있을까? 보험금은 위험에 대한 보상과 직결되며, 그만큼 타투의 잠재적 위험성이 클 수 있다는 것을 의미한다.

많은 사람들이 타투의 위험성을 언급할 때 각종 질병의

감염에 주안점을 둔다. 여러 사람 시술 시 바늘의 재사용을 통해 감염의 우려가 있다는 논리다. 이는 일견 타당해 보인다. 그러나 타투 바늘이 인터넷을 통해 개당 몇백 원 정도로 값싸게 유통되는 현실에서 바늘을 통한 감염은 더 이상 우려 대상이 아니다. 시술자조차 번거롭게 바늘을 재사용하느니 새로운 바늘을 사용하는 것을 선호하는 시대가 됐다.

타투의 실질적 위험은 오히려 타투 시술의 여러 단계에서 선택하는 물질의 안정성이나 시술 범위에 있다. 우선 시술 전 피부에 바르는 마취제부터 인체에 위험할 수 있다. 6개월 전 눈썹에 반영구 화장을 받은 한 여성이 시술 후 입이 돌아가는 증상이 있다며 네이버 지식인에 질문을 올렸다. 안면 마비가 온 것이다. 많이 당황한 여성은 대학 병원 신경과 등에서 진료를 받았으나 증상이 호전되지 않는다며 불안감에 사연을 올렸다. 동영상과 사진으로 판단할 때, 시술 과정에서 바른 마취제의 부작용 같았다. 시중에 유통되는 마취 연고는 의료 기관에서 사용하지 않는 이상 모두 불법이다. 그런데도 피부에 바르면 어느 정도의 마취 효과를 기대할 수 있다는 이유에서 광범위하게 사용되는 것이 현실이다. 마취 연고로 인한 부작용 가능성에 대해 피술자는 물론 시술자조차도 거의 정보가 없을 것이다. 주사 마취제나 마취 연고 등 모든 마취 관련 약

물은 부작용으로부터 자유로울 수 없다. 단순한 가려움이나 발적發赤부터 쇼크와 같은 심각한 부작용도 드물지 않게 볼 수 있다. 의료인인 나 또한 시술 도중 발생한 마취 부작용으로 119 구급대를 호출한 적이 있다. 그만큼 약리 작용에 대한 이해가 부족하거나 사고가 났을 때의 대처가 적절하지 않다면 치명적일 수 있는 게 마취제다. 많은 반영구 화장 시술자들은 자신이 얼마나 예쁘게 눈썹을 그릴 자신이 있는지를 강조하고, 타투이스트들은 얼마나 개성 있는 도안을 제작하고 이를 짧은 시간에 작업할 수 있는지를 얘기한다. 반면 타투가 피시술자의 몸에 해로울 수 있으니 적절한 때에 정확한 조치가 필요하다고 경고하는 시술자는 주변에서 본 적이 없다.

또한 타투는 침습적인 행위다. 시술자의 성향, 시술 도안에 따라 바늘을 피부의 얕은 층까지만 삽입하기도 하고, 깊이 삽입하기도 한다. 후자의 경우 매우 위험할 수 있다. 타투 잉크는 시술자가 본래 원하지 않았던 다른 신체 부위로 이동할 수 있기 때문이다. 가장 민감한 신체 기관인 눈 주위를 시술하는 반영구 화장을 예로 들어 보자. 속눈썹 반영구 화장을 시술받은 이들 가운데 잉크가 눈 라인에만 있는 것이 아니라 주변에까지 번져 있는 모습을 흔히 보게 된다. 눈꺼풀은 신체에서 가장 얇은 피부이기 때문에 조금만 깊이 시술해도 잉크가 피하 조직을 통해 쉽게 주변으로 번진다. 보기에만 미우면 괜찮은데, 중요 부위와 너무 가깝게 시술할 경우 부작용의 위험성을 무시할 수 없다. 눈꺼풀 가장자리인 안검연이라는 부위까지 타투를 시술해 눈매를 더욱 또렷하게 하는 시술 기법이 이에 해당한다. 안검연은 눈동자를 촉촉하게 유지하기 위한 체액이 분비되는 곳이다. 이를 타투 잉크로 막을 경우 체액이 제대로 분비되지 못하는데, 실제로 이로 인해 다래끼와 염증이 빈발하는 사례를 여럿 접했다.

피부에 영원한 손상을 남길 수도 있다. 강박에 가까울 정도로 거칠게 시술한 타투의 경우 피부에 깊은 상처를 남긴다. 타투를 제거하러 온 많은 환자를 봐온 의사로서 타투와 공존하는 상처는 흔히 볼 수 있었다. 마치 칼에 베인 것처럼 예리한 상처였다. 진한 잉크로 가려져 있을 때는 볼 수 없으나 제거 과정에서 확연히 드러나는 이런 상처는 레이저 시술의 결과가 아니라 시술 당시의 상처다. 지나치게 꼼꼼히 잉크를 삽입하는 경우 피부에 과도한 자극이 되어 부풀어 오르는 '비후성 반흔' 증상도 보인다. 켈로이드 상처처럼 붉은 혹이 생기면 외과적 혹은 피부과적 처치가 필요하다. 타투 시술과 제거는 창과 방패와 같다. 타투 시술자는 본인이 하는 타투 잉크가 몸에서 빠져나가지 않도록 최선을 다하고 이를 제거하는 의사는 최대한 없애려고 노력한다. 타투 기술과 의료 산업은 서로 팽팽히 맞선다. 최근 잉크 산업이 발전하며 타투는 예전

보다 더욱 제거하기 어려워졌다. 각종 타투 제거 전용 레이저가 보급되고 기능도 좋아지고 있으나 이보다 더 빠른 속도로 타투 잉크는 제거에 저항하도록 진화하고 있다. 결국 시간이 흐른 뒤 마음이 변해 타투를 제거하고 싶은 피술자에겐, 더 많은 상처와 시간이 필요하게 된 것이다.

타투 잉크에 사용되는 색소와 첨가제의 위험성 또한 간과할 수 없다. 타투 잉크는 한 번 주입하면 평생 인체에 남는다. 한국에만 수백 곳의 타투 잉크 제조사가 존재하는데, 대부분 규모 면에서 가내 수공업 단계를 벗어나지 못하고 있다. 수작업으로 제품을 제조·가공하는 것이 일반적이다. 누구나 소자본으로 창업이 가능하며 이에 대한 정부 규제는 없다. 생산 제품에 대해 자가 검사 번호를 받기 위한 인증 절차만 거치면 어떤 제품이라도 유통이 가능하다. 자가 검사 번호 제도는 일부 인체 유해 중금속과 무균 상태에 대한 최소한의 유해성 검증일 뿐이다. 위험으로부터 완전히 안전하다는 보장은 결코 아니다.

게다가 색소로 주로 사용되는 산화 철iron oxide은 엄연한 금속으로 철이 공기 중에서 산소를 만나 붉게 변한 상태다. 화려한 색감을 만들 수 있는 산화 철은 오랜 기간 다양한 문화권에서 사용해 왔으나, 최근 연구에 따르면 매우 작은 나노 단위의 산화 철은 혈관을 통해 뇌의 중요 부위로 들어갈 수 있다.[3] 누군가는 나노, 즉 10만 분의 1 정도는 간과해도 된다고 생각할 수 있다. 하지만 보다 중요한 것은, 이를 확증할 정도로 타투 잉크에 대한 후속 의학 연구들이 활발하지 않다는 점이다. 타투의 진짜 위험성을 알려면 몸속에 주입된 색소 입자의 인체 내 파급과 부작용을 장시간에 걸쳐 연구해야 하지만 그런 노력은 찾아볼 수 없다. 세계적인 피부 연구 기관에서도 다른 분야에 비해 타투가 피부에 미치는 영향에 대한 관심은 현저히 낮다. 미국에선 피부암 분야에 연간 21억 달러, 한화로 약 2조 5000억 원의 진단 및 연구비가 지원되고 있지만 그중 타투 관련 예산은 통계 항목에도 없을 정도로 미미한 수준이다.

또 타투 잉크 속에는 색소 외에도 수많은 첨가제가 들어간다. 그런데 제조사들은 영업 비밀이라는 이유로 이 첨가제들이 무엇인지 밝히지 않고 있다. 이는 국내뿐 아니라 해외도 같은 상황이다. 세계적으로 국민 건강에 엄격한 기준을 적용하고 있는 미국 식품의약국FDA · Food and Drug Administration에서조차 타투 잉크를 화장품cosmetic으로 분류하고 있다. 타투 잉크에 대한 FDA의 기본 입장은 특별한 문제가 발생한 개별 사안에 대해서만 조사·처벌한다는 것이다. 결국 타투 잉크에 대한 사전 관리, 전반적인 제재는 해당 사항이 없다. 따라서 타투 잉크 제조사가 필수적으로 기재할 안전 관련 항목은 물질 정보_material information_가 전부다. 쉽게 말하면 성분 표시 정도 인데 함유된 모든 성분을 밝히는 것도 아니다. 주성분 몇 가지만 표시하면 된다. FDA는 왜 이렇게 허술하게 타투 잉크를 관리하고 있을까? 이유는 간단하다. 의약품이 아니라 화장품이기 때문이다. 인체에 영구적으로 남는 물질 중에 이렇게까지 의료 기관의 경각심이 부족한 건 타투 잉크뿐이다. FDA 당국 관계자들도 타투 잉크가 피부 위에 바르는 것이 아니라 살 속으로 주입된다는 사실을 잘 알고 있다. 그럼에도 이와 같이 타투에 대한 관리와 감시가 느슨한 이유는 문화에 있다.

타투는 한국인에게만 안 좋을까

한국에선 많은 청소년들이 성년이 되면 엄마 손에 이끌려 성형외과에 쌍꺼풀 수술 상담을 받으러 가는 것처럼, 미국에선 청소년들이 성년이 되어 부모와 함께 첫 타투를 받으러 가는 모습을 자주 봤다. 지난 시기를 무사히 끝냈음을 축하하고 기념하는 의미로 보였다. 이처럼 이미 보편적인 문화 현상이 된 타투 시술에 대해 미국 정부는 잉크의 유해성을 두고 논란을 일으키고 싶지 않을 것이다. 미국 정부의 코로나19 백신 접종 의무화에 대해 미국인들이 극렬하게 저항하는 모습을 보면 쉽게 이해되기도 한다. 결국 미국의 타투 정책은 국민이 보편적으로 향유하는 권리에 정부의 간섭은 불필요하고, 문제가 되는 경우에만 선별적으로 관여하겠다는 방향으로 흘러왔다.

반면 우리나라는 타투에 매우 엄격하다. 우선 시술을 하는 주체, 즉 타투이스트를 강력히 규제한다. 게다가 각각의 타투 잉크에 자가 검사 번호를 교부한다. 시술자의 자격과 더불어 타투 시술에서 사용하는 제품까지 규제하는 국가는 세계적으로 한국이 유일하다. 그 규제가 허술하다는 게 흠이겠지만, 한국은 상대적으로 국민 건강에 선진적이고 다르게 말하면 타투 시술에 보수적이다.

이쯤 되면 궁금증이 생길 수 있다. 침습적인 시술 행위, 주입하는 잉크의 위험성 등에도 불구하고 타투 산업이 지속적으로 유지되는 이유는 무엇일까? 굳어진 관습과 관성 때문이다. 오랜 기간 다양한 문화권의 시술 과정에서 어떤 심각한 사회적 문제가 불거졌다면 타투는 이미 폐기됐을 것이다. 그러나 별다른 문제가 없었다는 경험적 인식이 이미 대중들 사이에 폭넓게 쌓여 있다. 그러한 의식은 의외로 견고하여 정부의 규제에 흔들리지 않는다. 매일 눈썹을 그려야 하는 번거로움으로부터 해방될 수 있다면 낮은 확률로 발생하는 부작용은 기꺼이 감내할 수 있다. 그래서 관성이 생긴다. 하던 것을 계속하는 관성은 정부가 막을 수 있는 것이 아니다. 물길을 돌릴 수는 있어도 막을 수 없고, 언젠가는 넘쳐서 걷잡을 수 없는 상황이 된다는 것을 정부도 잘 알고 있을 것이다.

개인적으로도 타투는 위험하다고 생각한다. 바늘로 정체가 불명확한 이물질을 몸속에 주입하는 행위가 위험하지 않다면 '위험'이라는 용어를 재정의해야 할 것이다. 그렇지만 "타투는 심각하게 위험한가?"라는 질문에는 "아니오"라고 자신 있게 답할 수 있다. 만일 타투의 위험이 극도로 심각한 것이었다면 우리가 이러한 논의를 시작하기 전에 이미 사회에서 사라졌을 것이다. 인류에게 의학은 경험의 학문이고 많은 시행과 오류를 거쳐 오늘날 과학의 토대를 이루고 있다. 지금도 코로나 바이러스를 상대로 각종 의학적 시도와 실패가 반복되고 있지만 언젠가는 이 질병도 예방과 치료가 가능해질 것이다. 타투도 마찬가지다. 타투의 위험성은 관리 가능한 반면, 우리 사회에선 그 위험에 대한 과학적 연구 대신 추측과 불신만이 오랜 세월 몸집을 키워 왔다.

타투가 정말 위험할 때는

사람들이 타투를 받으러 우리 병원에 방문하면 이구동성으로 병원이 밝고 깨끗해서 좋다고 말한다. 우리 병원의 시설이나 인테리어가 어디 드러내 놓고 자랑할 정도는 아닌데 이 점에 대해 좋은 인상을 받는 것이 처음엔 의아했다. 분명 일반 타투 숍에서 시술받은 경험과 비교한 상대적 평가라고 본다. 지금은 국내 타투 숍들이 예전보다 많이 세련되고 밝아졌지만, 일부 시술소의 경우 아직도 음지를 벗어나지 못하고 있다. 그리고 그중 일부 숍에는 여전히 각종 위험이 도사리고 있다.

불법적인 작업 환경은 시술자의 직업 윤리를 마비시키기 쉽다. "타투는 어차피 불법인데 또 다른 불법 한 가지가 추가되는 것이 무슨 대수인가?"라고 말하는 타투이스트를 만난 적 있다. 물론 내가 아는 대부분의 양심적인 타투이스트들에게 이런 논리는 부적절하지만 상업성에 치중하는 시술자들도 분명 있다. 인터넷 매체를 통해 마구잡이로 피술자를 모객하고 수많은 작업을 단기간에 처리하는 시술자와 그의 조력자들에게, 고객의 안전은 고려 대상이 아니다. 비위생적인 시술 환경, 비용만 받고 시술을 완성하지 않는 경우, 고객에게 위압적으로 행동하거나 부작용이 생겨도 시술자가 아닌 피술자의 탓으로 돌리는 행위 등으로 소비자의 피해가 발생하고 있다. 혹시라도 시술 이후 문제가 생겨 연락하면 이들은 매정하게 대처한다. 연락처를 바꾸고 다른 장소로 이동하면 그만이다. SNS가 유일한 연락망인 경우도 있다.

위에서 언급한 눈썹 반영구 화장의 마취제 부작용으로 안면 마비가 온 여성의 경우, 여러 병원을 전전하며 원인과 치료를 찾으려 했으나 지금까지도 같은 상태라고 한다. 시술자에게 문의한 결과 시술자 본인의 책임이 아니라 피술자의 체질 문제라며 책임을 회피했다고 한다. 시술자 또한 경험이나 지식이 없어서 그런 태도를 보일 수 있으나 자신의 작업물에 대해 성의 있는 답변을 주고 조치를 취하는 것이 최소한의 직업 윤리 아닌가. 피해를 입은 소비자들은 어디서도 항의할 대상을 찾기 어렵다. 시술은 있어도 사후 관리가 없는 타투는 예외 없이 위험하다. 지금 타투 현장에는 이런 위험이 곳곳에 도사리고 있다.

몸에 화려한 타투가 있는, 그런데 미성년자처럼 보이는 이들을 거리나 인터넷에서 본 적 있을 것이다. 그들은 다 어디서 타투 시술을 받은 것일까? 미스터리다. 대부분의 타투이스트는 절대로 미성년자에게 타투를 시술하지 않는다. 그들도 스스로의 법적 위치를 잘 인지하고 있어서 새로운 문제를 만들고 싶어 하지 않는다. 혹시나 본인의 시술이 문제가 되어 법적으로 처벌받을 시, 피해자가 미성년자일 경우 처벌이 가중되기 때문이다. 게다가 미성년자들의 잦은 변심, 시술 후 부모의 항의에 따른 곤혹스러운 상황을 쉽게 예상할 수 있다. 상황이 이러하니, 미성년자에게 시술하는 것은 타투이스트들 사이에서 매우 위험하고 골치 아픈 일로 자리 잡았다.

그렇다고 타투를 원하는 청소년들이 타투 시술받는 것을 포기할까? 성인이 될 때까지 묵묵히 기다릴까? 그들은 자신의 요구에 부응할 더 깊은 음지를 찾아간다. 요사이 일부 고등학생들 사이에선 일본식 그림체로 용, 도깨비, 뱀 등을 신체

일부에 빼곡히 새기는 것이 유행처럼 번지고 있다. 일명 '이레즈미 타투'라고 불린다. 무서울 것이 없는 청소년들에게 익명의 타투이스트들은 크고 무모한 시술을 서슴지 않는다. 잉크가 쉽게 빠지지 않도록 등 혹은 팔뚝 전체에 강박적으로 거칠게 시술한 경우도 봤다. 몇 년 전 한 남학생의 어머니에게서 전화가 왔다. 자신의 아들이 타투를 하려고 하는데 아무리 말려도 계속 하겠다고 하니, 선생님이 좀 말려 달라는 것이다. 단호히 어렵다고 답변했다. 부모도 할 수 없는 일을 처음 보는 의사가 어떻게 할 수 있겠냐고 반문했다. 그리고 만약 제가 아드님에게 타투를 해주지 않는다고 과연 아드님이 여기서 포기하겠느냐고 물어봤다. 어머니는 침묵했다.

우리 병원에서는 부모의 동의가 있는 경우에 한해 미성년자에게도 시술해 주고 있다. 20년 전 타투를 처음 시작했을 때와 같은 마음, 즉 미성년자를 시술할 사람이 '아무도 없다면 나라도 하는 게 낫겠다'는 마음이다. 부모와 함께 내원하는 청소년들은 대부분 자신이 직접 돈을 벌어서 타투 시술비를 수납한다. 부모는 시술 동의를 위해 동행하는 정도다. 그 청소년들의 수입이 어느 정도인지 궁금해서 한번은 시술 도중 물어보니 배달 기사로 일하며 매달 500만 원 정도를 번다고 했다. 그것도 전에는 700만 원이었는데 얼마 전 교통사고로 무릎을 다쳐서 수입이 줄었다고 퉁명스럽게 대답했다. 깜

짝 놀랐지만 한편으론 이런 생각이 들었다. 대한민국에서 매달 고액의 수입을 버는 동시에 몸에 타투를 새기고 싶어 하는 청소년이, 과연 내가 시술해 준 그 한 명뿐일까? 아니라면, 수많은 청소년들은 어디로 가서 타투 시술을 받은 걸까? 다시 말하지만 대부분의 타투이스트는 미성년자 시술을 절대 기피한다. 불법에 불법이 더해진 그 환경이 안전하다는 보장이 있을까? 혹시 모를 응급 상황이 발생했을 때, 시술자 혹은 청소년 피술자가 그곳 불법의 현장으로 도움을 요청할 수 있을까?

4년 전부터 하이닥 네이버 지식인 활동을 통해 타투 관련 지식을 공유하고 있는데 하루 스무 건 이상의 댓글을 남겨도 타투 부위의 발적, 염증 등 부작용 사례를 호소하는 문의는 끊이지 않는다. 심지어 다른 댓글에서는 "원래 타투 시술을 받으면 그 정도 부작용은 당연하니 참고 지내라"는 충고도 보았다. 즉, 타투의 가장 큰 위험성은 타투 시술 자체에 있지 않다. 타투가 정말 위험한 때는, 법적으로 보호받을 수 있는 영역 밖으로 피술자가 몰리고, 그들이 피해를 입어도 구제할 방법이 전혀 없을 때다.

백해무익의 아이콘

대부분의 의사들은 타투를 싫어한다. 대한의사협회의 관계자와 피부과개원의협의회를 중심으로 의사들은 매체 인터뷰에 나와 다양한 부작용을 근거로 타투를 반대한다. 피부에 주입되는 타투 잉크의 위험성과 감염병의 전파, 피부 손상 등이다. 게다가 타투를 지우는 건 매우 어려우며 제거 이후에도 상처를 남기는 등 각종 부작용에 노출된다며 타투에 대한 부정적인 입장을 고수한다.

　　의사들은 실제 의료 현장에서 타투로 인한 부작용을 보고 느낀 그대로 얘기한다. 그들의 주장이 과장되거나 왜곡이 있다고 생각하지 않는다. 의사라는 직업 특성상 위험을 인식하는 태도는 매우 보수적이며 또한 그래야 하기 때문이다. 타투에 대한 부작용은 의사들의 추측이 아니라 실제 데이터로도 확인되고 있다. 한국보건사회연구원이 실시한 문신 시술 실태 조사[4]에 따르면 이용자 중 부작용을 경험한 비율이 서화문신 18.1퍼센트, 반영구 화장 10.4퍼센트로 나타났다. 이 수치는 다른 인체 시술에 대한 부작용 비율과 비교하면 매우 높은 수준이다. 이들이 호소하는 부작용 사례는 주로 염증, 색소 변색, 알레르기 반응 등이다. 이러한 증상이 있는 경우 피술자는 자기를 시술해 준 타투이스트를 찾아가 치료를 요구하지 않는다. 바로 의사에게 간다. 시술자는 자신의 행위로 인한 부작용을 확인할 기회조차 없다. 예외적으로 불만을 호소하는 몇몇 피시술자를 접할 뿐이다. 그러나 그 숫자는 매우 적어 자신들의 시술이 실제보다 더 안전하다고 믿을 수 있다. 현실은 다르다. 타투와 반영구 화장 시술을 받은 열 명 중 한 명 이상이 부작용을 호소한다는 통계 자료를 본 의사들은 '타투는 위험하구나'라고 생각할 수밖에 없다.

또 의사들은 제거를 원하는 소비자들을 대한다. 제거를 원하는 상당수가 타투 자체에 부정적인 태도를 보인다. 타투 시술 당시와는 180도 다른 태도다. 자신에게 타투를 해준 시술자에 대한 강한 반감도 함께 쏟아 낸다. 나 또한 타투를 지우기 위해 우리 병원을 방문한 수많은 고객들의 푸념을 들었다. "어린 시절 철없이 타투를 한 것이 후회된다", "시간을 되돌리고 싶다" 등이다. 이런 정보를 매일 접하는 의사가 타투에 대해 좋은 이미지를 갖고 있을 가능성은 적다. 게다가 타투는 다양한 경로로 만들어진다. 표준화된 시술 과정이 없다. 한국과 같이 타투가 불법인 경우는 더 그렇다. 유튜브에 떠도는 짧은 동영상을 곁눈질하며 배운 것이 전부인 시술자도 있다. SNS를 통해 모여든 타투 소비자들은 그런 배경을 알 수 없다. 의사들이 진료실에서 보는 타투는 이런 과정의 결과다. 듣고 보는 얘기가 모두 부정적이니, 의사들이 타투에 나쁜 이미지를 갖게 되는 것은 당연해 보인다. 결국 의사에게 타투는 위험한 것이며, 없애야 할 대상일 뿐이다.

되감을 수 없는 흑역사

타투가 위험하다고 생각하는 또 다른 사람들이 있다. 일반 국민들이다. 한국보건사회연구원의 조사에서 응답자들은 '타투 시술을 받지 않는 이유' 1순위로 사용 제품과 시술자에 대한 신뢰 부족을 꼽았다. 2021년 6월 한국갤럽은 전국 만 18세 이상 1002명을 대상으로 무작위 전화 조사원 인터뷰를 실시했다. '타투업 법안을 어떻게 생각하는가'라는 질문에 51퍼센트가 찬성, 40퍼센트가 반대, 9퍼센트가 응답 거절로 답했다. 찬성 응답자를 연령별로 분석하면 29세 이하가 81퍼센트, 60대 이상은 25퍼센트였다. 즉, 30대 미만의 젊은 세대는 타투에 대해 압도적으로 우호적인 반면 고령층일수록 타투에 대한 부정적인 인식이 지배적이다. 그럼에도 타투를 지지하는 여론이 많은 것처럼 보이는 것은 타투를 반대하는 이들의 목소리가 상대적으로 작기 때문이다.

타투를 반대하는 많은 이들은 타투 시술 현장의 폐쇄성을 두려워한다. 타투 시술 현장에서 어떤 일이 벌어지는지는 일반인 입장에서 알기 어려운 부분이다. 몇 년 전 한 여성이 타투 상담을 위해 내원했다. 이 여성은 가슴에 타투를 하고 싶어 하는데 시술받기 두려워 이때까지 망설였다고 했다. 이유를 묻자 가슴 타투를 할 때 반대쪽 가슴을 남성 시술자가 잡고 한다는 얘기를 들었는데 여기서도 그렇게 하냐는 것이었다. 듣는 순간은 어이가 없었지만 생각해 보니 그 여성분의 입장이 이해가 갔다. 외부와 철저히 분리된 시술 현장에서 충분히 걱정할 만한 요소이기 때문이다.

영구적이라는 특성 또한 타투에 대한 두려움을 증폭시킨다. 미국 《피부 과학회 저널지Journal of Dermatology》[5]에 따르면 타투를 시술받은 사람의 25퍼센트가 이를 후회하고 제거를 원한다. 나를 찾아온 환자들에게서도 비용, 통증, 긴 시간까지 필요로 하는데 타투를 제거하고 싶어 하는 모습은 절박함이 보였다. 그들에게 타투는 한순간의 선택에서 시작해 결국엔 상당한 대가를 치러야 하는 과정이다. 시술을 후회하는 순간부터 막대한 비용과 시간이 필요하고, 예전 모습으로 완벽하게 돌아가는 것도 기대하기 어렵다. 그들을 바라보는 친구, 연인, 가족의 입장에서 타투는 일생을 망칠 수 있는 잠깐의 치기 어린 결정으로 간주된다.

마지막으로 사람들이 타투가 위험하다고 생각하는 이유는 그것이 불법이기 때문이다. 우리는 행위의 원리와 보편적 결과에 따라 위험성을 평가한다. 그런데 타투는 불법이라 주위에서 자주 본 적도 없고 그나마 접하는 사례에서도 타투를 후회하는 경우가 많다. 물론 주변에 타투 시술을 받은 지인이 여럿 있는 사람의 입장과, 주위에 타투 시술을 받은 지인이 한 명도 없을뿐더러 그런 사람들이 잘 등장하지 않는 지역에서 일하고 거주하는 사람의 입장은 매우 다를 것이다. 후자의 경우가 여기 해당한다. 경험적으로 행위의 위험성을 예측하는 인간에게, 결과의 위험성을 계량화하기 어려운 행위는 더욱 두렵게 느껴진다. 동네 병원에서 엉덩이 주사를 맞는 경우를 생각해 보자. 의사에게 직접 주사를 맞는 사람은 보기 드물다. 의사가 아닌, 간호사 혹은 간호조무사에게 우리의 소중한 부위를 맡긴다. 주사제가 바뀌지는 않을지, 주사량은 정확한지, 근육 속 중요한 신경을 건드려서 불구가 되지는 않을지 등을 걱정하는 사람은 없다. 의사가 아닌 사람이 주사를 놓는 것은 불법인데, 항의하는 사람은 왜 없을까? 한 번도 문제가 없었다는 걸 경험으로 알기 때문이다. 믿을 수 있는 의사, 그의 처방과 지시에 따른 행위에 환자들은 이미 수년간 신뢰를 쌓아 왔다. 불행하게도 타투는 이런 환경에 있지 않다. 타투 자체가 못마땅한 사람들에게, '불법'이라는 꼬리표는 타투에 대한 불신을 더욱 견고히 할 수 있는 근거가 된다. 말하자면 타투가 불법이 된 이유는 위험하다는 생각 때문이다. 하지만 동시에, 사람들이 타투가 위험하다고 생각하는 근거는 그것이 불법이기 때문이다.

한가한 사람들의 이야기

15년 전 한 타투이스트가 병원에 찾아왔다. 자신의 명함을 주며 찾아온 목적을 밝혔다. 방송에 나갔을 때 타투에 대한 부정적 언급을 삼가 달라는 것이었다. 말은 정중해도 사실상 협박이었다. 병원 홈페이지 게시판에 달리는 "밤길 조심하라"는 댓글은 애교 수준이었다. 그들을 비난할 의도는 없다. 그들 역시 피해자이기 때문이다. 3년 전 수원에서 반영구 화장을 시술하는 한 여성이 극단적 선택을 했다는 소식을 접했다. 이 여성은 열정적으로 사업을 확장하는 과정에서 주변의 신고로 경찰 조사를 받게 된 상황이었다고 한다. 불법이란 낙인을 쓰고 많은 부채와 좌절 속에 끝내 생을 마감하는 사례는 여전히 반복되고 있다.

최근 뜨거운 타투 합법화 논의에 가장 큰 목소리를 내는 이들은 의사도 국민도 아닌 바로 이들 타투이스트다. 타투이스트들이 가장 빈번하게 호소하는 고통은 타투를 의뢰한 피술자의 과도한 요구, 소위 갑질이다. 타투는 인체를 대상으로 하는 예술 행위다. 일단 시술하고 나면 되돌리기 어렵다는 특성이 있다. 캔버스에 그려 놓은 그림이 의뢰인의 마음에 들지 않으면 가져가지 않으면 그만이다. 그러나 타투는 평생 같이 살 수밖에 없다. 어떤 그림을 새길지 확신이 없는 상태에서, 어렴풋하게 '나도 몸에 타투를 한 개쯤 새기고 싶다'는 마음으로 시술받은 사람들 중 상당수는 시술 이후 전혀 다른 태도를 보인다. 자신이 원했던 타투는 이런 것이 아니었다는 반응이다. 충분한 상담과 의견 교환이 있다고 해도 이런 일을 모두 막을 수는 없다. 수시로 변하는 피술자의 마음과 주변 사람들의 반응이 시술의 만족도에 영향을 미치기 때문이다. 이런 경우 시술자들은 난감하다. 불법 시술이라는 약점 때문에 의뢰인의 요구가 과도한 경우에도 상황을 원만하게 해결하고자 노력할 수밖에 없다.

2년 전 인스타그램을 통해 잘 알려진 한 여성 타투이스트가 타투 시술 후 부작용을 호소하는 의뢰인으로부터 고소를 당한 사건이 있었다.[6] 시술 후 염증이 생겼고 이후 타투가 본래 모습을 잃고 보기 흉하게 변했다는 이유였다. 타투이스트는 시술 이후 피술자의 관리 소홀을 문제의 원인으로 꼽았고 피술자는 시술 과정의 위생과 불법성을 문제 삼았다. 이 사례는 언론을 통해 진실 게임으로 퍼졌다. 사건 관계자로부터 받은 시술 직후 및 경과 사진으로 판단할 때, 시술자의 잘못도 피술자의 관리 소홀도 아니었다. 타투 잉크, 특히 컬러 잉크가 원인이었다. 피부 부작용이 드물게 일어나는 검은색 잉크와 달리 유색 잉크에서는 시술 후 피부 알레르기가 빈번하게 일어난다. 피부 알레르기는 일종의 염증 현상이라 주입된 피부 주변을 녹인다. 몸속에 있던 타투 잉크는 느슨해진 조직을 통해 외부로 빠져나오게 되고, 결국 시술 직후의 선명한 모습을 잃는다. 시술 전 이런 과정에 대해 시술자가 피술자에게 주지하는 것은 직업인으로서의 당연한 책임이겠으나 분쟁 발생시 철저하게 을의 입장에 놓이는 것은 시술자 측이다.

근래 타투이스트 노동조합 '타투유니온'을 중심으로 시술 전 피술자에게 동의서를 받는 추세가 늘고 있다. 병원에서 의사가 수술 환자에게 받는 수술 동의서에 준하는 형식이다. 타투는 신체에 남는 작업이므로 시술 후 원본과 똑같이 될 수 없다는 내용을 포함해, 시술자 입장에서 시술 전 의뢰인을 상대로 확인시켜 줘야 할 사항들이 적시되어 있다. 타투이스트 노동조합의 등장엔 예술가와 노동자라는 쉽게 어울릴 것 같지 않은 두 단어 사이의 긴장이 있다. 많은 타투이스트들에게 타투는 예술의 영역이며 이를 행하는 자신 또한 그에 상응하는 사회적 지위를 바란다. 그러나 현실은 이런 바람과 거리가 멀뿐더러 최소한의 안정적인 직업 생활조차 불가능하다. 여성 타투이스트가 타투 시술 도중 자신보다 힘이 센 피술자로부터 협박과 추행을 당하는 일도 비일비재하다. 지키고 싶은 정체성과 냉엄한 현실 사이에서, 타투이스트들은 범법자라는 신분 때문에 발생할 혹시 모를 위험에 대비하고자 과할 정도로 방어적인 태세를 갖추게 됐다.

타투는 숨긴다고 사라지는 것이 아니다. 오늘도 누군가

는 시술받았을 것이다. 실력 있는 타투이스트들과 그들에게 시술받고 싶어 하는 국민적 수요를 언제까지고 모른 체할 수는 없다. 그저 자유롭게 일할 수 있게 해달라는 이들의 요구가 한가하다는 비판의 목소리를 타고 또 해를 넘겼다. 몇 개월 남지 않은 대통령 선거를 앞두고 바람처럼 떠도는 아우성이 과연 그들이 바라던 곳에 정착할 수 있을까? 아니면 지난 십수 년간 그랬던 것처럼 또 다른 바람으로 흩어져 버릴 것인가.

4   타투가 합법화되지 못한

                진짜 이유

블루 오션에 관심 없는 사람들

의사들은 왜 타투업에 뛰어들지 않을까? 그들이야말로 지금 우리 사회에서 가장 떳떳하고 활발하게 타투 시술을 할 수 있는 집단인데 말이다. 의사가 타투로 돈을 벌기 위해선 자신들이 쌓아 온 지식과 의사 자격증 외에도 별도의 재능이 필요하다. 예술적 소양이 그것이다. 예술적 소양은 짧은 기간에 숙련되는 것이 아니라 어느 정도의 타고난 재능과 치열한 노력이 요구된다. 그런 자질을 모두 갖추고 시술할 때 타투는 비로소 돈이 된다. 타투를 배우는 것도 그동안 의사들이 이론 공부와 의료 실습을 해온 방식과는 다르다. 미술 학원에 다니고 반복적인 작업에 많은 시간을 투자해야 한다. 처음에는 재미로 시작할 수 있지만 본업 외에 수업을 들으며 시간과 정열을 쏟는 것은 현실적으로 벅차다. 그래서 아무리 의료 행위로 규정되어 있다 한들, 타투는 의사 입장에서 선뜻 달려들기가 어려운 분야다.

20년 전 나도 그랬다. 타투 머신을 다루는 방법 정도만 배우고 타투 시술에 뛰어들었다가 난감한 일을 당한 적이 한두 번이 아니다. 한 고객이 호랑이를 그려 달라고 찾아왔는데 열심히 시술한 결과는 고양이였다. 시작은 분명 호랑이였던 것 같은데, 작은 부분에 몰입해서 하다 보니 큰 고양이가 나온 것이다. 고객은 난리가 났다. 일부 수정 작업을 거쳐 겨우 호랑이 비슷한 고양이로 일단락됐다. 이즈음 병원 홈페이지에 올린 시술 사진에 달리는 악플은 늘 이런 식이었다. "제발 원장님 미술학원이라도 다니세요. 남의 몸에 그렇게 무책임하게 낙서하시면 어쩌라구요."

의사로서 자존심도 상하고 화도 났지만, 실제로 틀린 얘기도 아니어서 결국 미술 학원에 다니기 시작했다. 데생부터 시작해서 인물 초상화까지 손에 잡히는 대로 그렸다. 2년간의 수업을 마치고 마지막 작품 전시회까지 참여하게 됐다. 그림 실력은 조금 나아진 것 같아도 명함 크기 이상의 타투는 하지 않겠다고 결심했다. 괜히 크게 했다가 잘못하면 지워 주는 데 더 많은 시간이 걸릴 것 같아서였다. 그런데 어느 날 체격이 건장한 사내 둘이 찾아왔다. 언뜻 보기에도 조폭인 것 같았다. 그들은 내게 등에 용을 가득 채워 달라는 요구를 했다. 명함 크기 이상은 해본 적이 없어서 안 되겠다 말하려 했지만 창피해서 그냥 시술하겠다고 했다. 우선 원래 그들의 등에 있던 낙서에 가까운 타투 몇 개를 제거해 준 뒤 대신 거대한 용을 그려 나가기 시작했다. 낮에 성형 수술을 마치고 저녁마다 틈틈이 미술 학원 선생님에게 조언을 받으며 고객 등 한가득용을 그려 넣는 기간은 고단한 시간의 연속이었다. 장장 6개월에 걸친 작업 끝에 등의 낙서는 마침내 용으로 탈바꿈했다. 나도 처음부터 프로 시술자였던 게 아니라, 이런 과정을 통해 타투이스트로서의 경험과 실력을 쌓아 온 것이다. 훈훈한 이야기로 들릴 수 있지만 이런 과정을 겪을 의사는 별로 없다. 오히려 "왜 그런 일을 하지?"라고 반문할 것이다. 의사는 사람의 생명을 다룬다는 이유로 늘 환자들로부터 대접받아 온 직업이기 때문이다. 나의 경우 개인적 취향이 우연하게 맞아떨어져 타투에 반하고 이런 선택을 했을 뿐이지만 모든 의사의 얘기는 아니다. 그들의 관심사도 아니다.

　의사가 타투에 무관심한 두 번째 이유는 돈이다. 타투 시술 자체로 돈을 벌기 어렵다는 의미가 아니다. 타투로 얻을 수 있는 수입이 의사로서 버는 수입에 비해 높지 않다는 것이다. 우리는 투자 이후의 수익이 현재의 수익보다 높은 분야에 투자를 한다. 그런데 의사들의 기존 수입은 일반 직장인의 월급보다 대체적으로 높다. 따라서 새로운 분야에서 기대하는 수입이 의사로서의 수입보다 월등히 높고 안정적이어야 의사들은 시간과 재능을 투자한다. 그러나 타투 시술은 그렇지 않다. 본원에서는 의사들을 상대로 타투 아카데미를 운영하고 있다. 그런데 본원에 수강생으로 온 많은 의사들이 첫날 와서 가장 많이 물어보는 게 "얼마나 벌 수 있는가?"였다. 물론 시간당 수입은 의사 개인의 역량에 따라 다르다. 그래서 나의 경우를 예로 들어 비교해 보려 한다. 내가 성형 수술을 하면서 시간당 얻는 수입은 100만 원 정도다. 타투를 통해 얻는 수입은 시간당 20만 원 정도다. 수입 격차가 이 정도라면 성형 수술을 하는 것이 낫다는 게 일반적인 사고다. 의사들 생각도 다르지 않다. 그래서 타투는 의사의 관심으로부터 멀어졌다. 아무리 타투가 대중화돼도 시간당 수입을 비교하면 타투는 의사 입장에서 선뜻 시도하기 어려운 분야다. 더군다나 타투에 갓 입문한 일반인 시술자들의 저렴한 비용은 의사 사회에서는 상상하기 어려운 것이다. 명함 크기의 타투로 비교해 보자. 이제 막 시작한 타투이스트가 5만 원에 시술하는 도안의 경우, 본원에서는 같은 크기와 그림이라도 20만 원을 받을 것이다. 의료 기관을 운영하고 사후 관리를 철저하게 한다는 점에서 시간당 수입이 이 정도는 돼야 채산성이 맞기 때문이다. 그러니 타투 시술을 업으로 삼으려는 의사들은 지나치게 저렴한 비용으로 타투 시술을 하기 어렵고, 안정적인 봉급 체계가 결여된 타투 시장에서 경쟁력을 갖기 어렵다. 나 또한 이 시장의 수익 구조를 바라본 것이 아니라 그걸 상쇄할 만한 큰 애정이 있었기 때문에 지금까지 타투 시술을 이어 온 것이다. 하지만 대부분의 의사는 그렇지 않다. 대개 겸업으로 타투를 시작한다. 그러나 대부분 얼마 지나지 않아 접는다.

본원 아카데미에서 교육을 받고 광주에서 개업한 한 소아과 선생님이 계셨다. 1년 반 만에 폐업하고 다시 소아과 진료로 돌아갔다. 왜일까? 병원 진료의 경우 아무리 명의라 해도 환자가 처방 후 두 시간 만에 자리를 털고 일어나는 경우가 없다. 사람의 건강에는 많은 변수가 있기 때문에 환자를 치료하는 의사의 실력이란 쉽게 드러나지 않는 것이다. 반면 타투는 즉각적인 결과물이 나온다. 고객으로부터 5분 만에 피드백이 나오고 애매한 부분에서 설명할 여지가 없다 보니 더욱 긴장한다. 결국 실력이 바로 드러나는 시장이고, 고도의 기술과 집중력이 요구되는 것이다. 그런 상황에서 겸업이라는 느슨한 사업 구조가 통할 리 없다. 또 성형 수술은 당장 결과가 불만족스럽더라도 시간이 지나면서 자연스러워지는 면이 있다. 그래서 고객은 참고 지낼 수 있다. 그러나 타투는 당장 보이는 것이 전부다. 시간이 지난다고 좋아질 여지가 없다. 오히려 더 나빠질 순 있다. 시간이 경과하면서 색이 옅어지고 선이 끊어져 보이는 현상은 비일비재하다. 그럼 고객은 타투이스트를 찾아와 수정 작업을 해달라, 보완 작업을 해달라며 여러 가지를 무료로 요구한다. 의사들은 그런 스트레스를 감내할 이유가 없다. 본업으로 돌아가면 되기 때문이다.

또 많은 의사는 타투에 대해 선입견이 있다. 그들에게 타투란 만들기보다 없애야 하는 대상이다. 타투를 새기는 일은 의사가 할 일이 아니라고 본다. 법으로는 의사 일이지만 실제로는 의사의 일이 아니라는 것이 주류적 사고이다. 그래서 현재도 의사들은 타투 시술보다 제거에 더 많은 관심이 있고 그걸 본분으로 여긴다. 나는 타투 시술을 하면서 동료 의사들로부터 욕을 많이 먹었다. "의사가 할 일이 없어서 타투 시술을 해주고 있냐!", "병 주고 약 주는 거 아니냐!"는 것이었다. 그 질타는 타투 시술을 시작하고 10년 이상 지속됐다. 억울하기는 했지만 그런 생각이 의사 사회에서 일반적이니 그냥 듣고 있을 수밖에 없었다. 세월이 흘러 그런 분위기는 많이 없어졌지만 아직도 많은 의사들이 타투하는 의사를 곱지 않은 시선으로 본다.

게다가 의사도 어쨌든 우리 사회의 일원이다. 한국 사회 전반적으로 타투는 부정적인 이미지와 겹친다. 얼마 전까지만 해도 저녁 아홉 시 뉴스를 보면 조폭들이 머리를 숙이고 등만 보인 채 손이 묶여 끌려가는 모습이 나왔다. 이때 늘 등이나 팔뚝에는 용, 잉어 모양의 타투가 새겨져 있다. 타투는 불법과 조폭의 상징처럼, 그래서 나쁜 일에 항상 따라다니는 것처럼 사람들의 머릿속에 은연중에 각인돼 왔다. 의사들에게도 마찬가지다. 일부 피부과 의원에서는 온몸에 타투한 사람을 기피한다. 타투 제거를 위해 병원을 찾았다고 해도 의사 입장에선 이런 종류의 타투에 겁먹을 수밖에 없다. 괜히 야쿠자 문신을 제거하다가 잘못되면 후에 안 좋은 일을 당할까 봐 두렵기 때문이다. 대놓고 진료를 거부하긴 어려우니 수천만 원이라는 터무니없는 비용을 요구해서 제거 시술을 이어 가지 못하도록 한다. 진료실은 사회의 연장이다. 사회의 인식은 진료실의 의사들에게도 그대로 전해진다. 그래서 타투는 의사에게도 기피 대상이다.

끝으로 의사들은 타투에 대해 배운 적이 없다. 배우기도 어렵다. 타투 관련 과목이 개설된 의과 대학도 없고 그걸 강의할 강사도 없다. 그래서 의사들은 대학 졸업 후에도 타투와 같은 의료와 예술이 혼합된 행위를 생소하게 느낀다. 법적으론 의사들이 타투 시술의 독점적 지위에 있는데 그들을 가르칠 양성 기관이 없다는 게 모순으로 보인다. 다행스럽게도 요사이 일부 의과 대학에서 특별 활동 시간을 통해 자기 계발 프로그램을 학생 스스로 구성할 수 있도록 하고 있다. 지난해부터 본원에서는 한 의과 대학 학생들의 요청으로 타투 시술 강좌를 개설해 타투의 장르와 머신 사용법, 시술 과정을 강의하고 있다. 일주일이라는 짧은 기간의 특별 강좌이지만 정규 과정에서 배울 수 없는 내용을 외부에서라도 익힐 수 있도록 하자는 취지였다.

하지만 그나마 학부생들이었으니 가능한 현실이었다. 이미 의사가 된 사람들은 생소한 분야를 공부하는 걸 꺼릴뿐더러 그럴 여유도 충분하지 않다. 의사들은 의무적으로 매년 15시간 이상 정부가 지정한 의학 강좌를 수강해야 하는데 이조차도 번거롭게 여긴다. 하루 수십 명의 환자들을 만나고 3

분 진료로 둘러싸인 의사들일수록 특히 그렇다. 이런 의료 현실에서 그들에게 타투는 너무 멀리 있는 주제이다.

믿을 만한 통계는 한 번도 없었다

불법 시술이 절대 다수인 타투 시장에서 스스로 타투이스트임을 드러내려는 사람은 매우 드물다. 생업으로 하는 타투 시술이 사회에 노출되는 순간 불법 행위의 증거가 되어 행정적 제재가 따른다. 2021년 5월 28일, 타투이스트 '도이(본명 김도윤)'는 불법적인 의료 행위를 범한 혐의로 기소됐다. 한 연예인이 도이로부터 시술받는 영상을 유튜브에 공개했다가 이를 본 시청자가 그를 신고한 것이다. 이후 도이는 지난해 12월 10일 1심에서 500만 원의 벌금형을 선고받았다. 초범이고 피술자와의 마찰 없이 단순히 시술 행위만 있을 경우 벌금형이 일반적인 게 그나마 다행이다. 초범이 아닌데다 피술자와의 갈등 혹은 부작용까지 있을 경우 징역 1년에 집행 유예 2년이 떨어진다. 물론 재범인 경우는 집행이 유예되었던 징역 1년의 형을 받게 된다. 징역 1년은 결코 가볍지 않은 형벌이다. 누군가 남의 집을 무단 침입하여 강도죄를 범했을 때 받는 형벌과 같은 수준이다. 그러니 타투이스트 중 그 누구도 자신이 타투 시술을 한다고 떳떳하게 밝히지 않는다.

2년 전 여러 타투이스트들과 함께 《타투노트》[7]를 출간

한 적 있다. 25명의 타투이스트가 참여해 타투이스트 각자의 작업물에 담긴 의미와 피술자의 시술 동기를 다룬 책이었다. 이 책에서도 실명을 실을 수 있던 건 의사뿐이었다. 나머지 타투이스트는 모두 익명의 기고자로 처리했다. 이런 여건에서 국내에 얼마나 많은 사람이 이 업에 종사하고 있는지, 이들로부터 얼마나 많은 사람이 시술을 받았는지 등을 통계 자료가 정확히 말할 수 있을까?

우리가 알고 있는, 신문에서 흔히 인용하는 타투 관련 통계는 매우 불충분할뿐더러 각각의 자료가 모두 다른 주장을 하고 있다. 모집단의 수집 과정 자체가 통계의 기본에 어긋난다. 국내에는 한국타투협회, 타투유니온 등 열 개 이상의 타투 관련 단체와 대한반영구화장협회, 반영구화장미용사중앙회 등 20개 이상의 반영구 화장 단체들이 존재한다. 이 글을 쓰는 순간에도 새로운 단체가 생길 수 있다. 임의 단체가 대부분이며 간혹 사단 법인이란 이름으로 포장하고 있으나 실제 정관에 있는 내용과 활동은 별개이다. 진성 회원, 즉 회비를 납부하는 회원 수로 파악되는 인원은 단체가 주장하는 회원 수와 다르다. 2019년 한국타투협회가 국회에 제출한 자료에 의하면 이들 단체에 가입한 회원 수는 35만 명이다. 타투 종사자 5만 명과 반영구 화장 시술자 30만 명을 합산한 수다. 하지만 실제 회원들의 명단을 행정 기관에 제출한 적은 없다. 이유는 타투이스트들의 신변 보호다. 단체마다 중복으로 가입한 회원들의 수를 꼼꼼히 분석할 방법도 없다. 상황이 이러하다 보니 국내 타투 종사자 수를 행정적으로 파악하는 건 불가능하다. 그런데도 지난 몇 년간 매체 인터뷰를 통해 타투 단체들이 주장하는 회원 수는 계속 증가세이다. 인구수가 한 나라의 국력이 되듯, 회원 수는 곧 그 단체의 권위이기 때문이다. 결국 관련 단체의 이름으로 발표되는 타투 및 반영구 화장 시술자들의 숫자는 추정치 혹은 희망치일 뿐이다. 그런데도 언론은 이런 신뢰할 수 없는 통계를 계속해서 인용한다. 그것마저 없다면 기사를 쓰는 것 자체가 불가능하기 때문이다.

정확한 자료 수집을 위해 통계를 지휘·감독할 정부는 무얼 하고 있었을까. 보건복지부 산하 한국보건의료연구원은 2014년 국내 서화 문신 시술자를 대상으로 '안전한 문신을 위한 요건'을 주제로 인터넷 설문 조사[8]를 진행했으며, 이 자료를 기반으로 〈문신 시술 실태조사 및 안전 관리 방안 마련〉[9] 기획을 추진했다. 그러나 결과적으로 이전 실태 조사에서 보여 줬던 통계의 한계를 다시 확인하게 됐다. 5년 전 설문 조사와 비교했을 때, 시술 건수는 증가한 반면 응답자 수는 감소한 것이다.

문제의 원인은 조사 방법에 있었다. 연구원이 시술자에게 자세한 신상 정보를 요구한 것이다. 병원에 진료를 받으러 온 환자의 개인 정보 수집도 예민하게 다뤄지는 현시점에, 불법적인 시술을 하는 사람들에게 자신의 휴대폰 번호, 이름, 나이, 시술 장소 등과 같은 민감한 정보를 요구하는 것은 처음부터 자료 수집의 한계점을 예고한 것이었다. 단체에 소속된 회원들이 협조하지 않은 탓에 자료는 원하는 정도로 확보하지 못했고 결국 타투 시술 분야의 통계 수집 및 분석이 어렵다는 현실만 재차 느꼈을 뿐이다.

다만, 이번 실태 조사에서 의미 있는 지점은 타투 및 반영구 화장 시술자의 규모를 추정하는 방법에서 기존처럼 관련 단체 회원들에게만 의존하지 않았다는 것이다. 한국보건사회연구원은 시술자 수를 세 가지 방법으로 추정했다. 수요자 설문 조사 결과를 이용한 추정, 관련 협회 리스트를 이용한 추정, 그리고 타투 시술 용구 재료상을 통한 추정이다. '수요자 설문 조사 결과를 이용한 추정'의 경우, 타투를 시술받은 피술자 수를 바탕으로 타투이스트 수를 역순으로 추산한 것이다. '관련 협회 리스트를 이용한 추정'의 경우, 상호, 지역, 이메일 주소, 시술자명을 요청한 결과 총 13개 협회에서 보내준 리스트 결과다. '문신 시술 용구 재료상을 통한 추정'의 경우, 타투 잉크 등 시술에 필요한 재료를 파는 도·소매 업체에서 물건을 구입해 간 사람들을 시술자로 가정하고 그 수를 계산한 것이다. 이를 통해 얻은 국내 타투 및 반영구 화장 시술

타투 및 반영구 화장 시술자 수

	수요자 설문 조사 결과를 이용한 추정	관련 협회 리스트를 이용한 추정	문신 시술 용구 재료상을 통한 추정
타투 시술자 수	16,209명	2,807명	60,000명
반영구 화장 시술자 수	22,246명	4,000명	

* 한국보건사회연구원

자의 규모는 위의 표와 같다.

표에서 보는 바와 같이 실제 타투 관련 종사자는 관련 협회에서 주장하는 타투 시술자 5만 명, 반영구 화장 시술자 30만 명과 상당한 차이가 있다. 그럼 과연 이 분야의 통계는 정말 불가능한 것일까? 단지 관련 단체에서 주장하는 숫자에 의존해야만 할까?

그렇지 않다. 위의 한국보건사회연구원의 '수요자 설문 조사 결과를 이용한 추정'을 더욱 정밀한 형태로 발전시키면 비교적 정확한 실태를 파악할 수 있다. 대통령 선거에서 출구 조사를 통해 전체 유권자의 투표 경향과 각 정당, 후보자 간 득표를 추정하는 것과 같은 원리다. 타투 종사자들이 자신의 신변 노출을 원하지 않는다면, 이들로부터 시술받은 소비자의 수를 계산해 역으로 시술자 수를 추정할 수 있다. 즉 국내에 타투 및 반영구 화장 시술을 받은 사람을 대상으로 샘플링 조사를 실시해 이를 모집단으로 분석하면 국내 전체 시장 규모를 파악할 수 있으며, 이를 다시 시술자 한 명당 시술 가능한 고객 수로 역추적하면 타투 시술자들의 규모를 알 수 있다. 이런 통계 방식은 결과에 대한 오차 범위를 과학적으로 산출할 수 있으며 다른 통계 자료의 교차 검증에도 유용하게 활용될 수 있다. 그런데도 정부는 왜 아직, 이해 당사자인 관련 단체들의 주장에만 의존해 타투 및 반영구 화장 시술의 시장 규모를 추정할까?

그들은 왜 시간을 끄는가

몇 개월 전 세종시 보건복지부 관계자들이 병원에 찾아왔다. 그들은 이미 타투 시장의 불합리한 현실을 파악하고, 이에 대한 구체적인 해결 방안을 찾고 있었다. 국내 타투 시장에 대해 진지하게 묻고 답하는 과정에서 관련 기관들이 이 분야에 관심을 갖고 있다는 사실을 새삼 알게 됐다. 이러한 행정 당국의 노력에도 불구하고 비정상을 정상으로 바꿀 핵심 동력은 보이지 않는다. 타투 합법화가 매번 입법 과정에서 좌절될 때마다 정부 관계자들에게 맹렬한 비난이 쏟아지지만, 타투 양성화와 관련된 모든 문제와 해결의 권한은 정부나 행정 기관의 영역을 벗어나 있다는 인상을 받았다.

지난 20년간 나는 각계각층의 타투 관계자를 만났지만, 그중 타투 합법화에 반대하는 사람은 본 적이 없다. 많은 사람들이 대한의사협회가 어떤 사명감을 갖고 타투 합법화를 필사적으로 반대하리라고 예상한다. 그래서 국민들에겐 마치 이 업계의 이권을 두고 의사들이 영역 다툼을 하는 것으로 비친다. 그러나 언론에 발표되는 대한의사협회의 반대 성명은 정례적 질문에 대한 의례적 절차일 뿐이다. 타투 시술 자격이 일반인에게 확대되면, 의사들이 자신들의 권리가 축소되기 때문에 타투 합법화를 반대한다고 생각하면 그건 오해다. 앞서 말했듯 의사들은 타투에 관심이 없다. 자신에게 큰 수익이 되지 않는 타투를 합법화하는 것에 동의함으로써 의료적 책임을 지는 것을 원치 않는다. 입법 후 부작용 사례가 늘어나면 이에 관련된 단체나 기관이 그 책임에서 벗어나기 어렵기 때문이다. 의사 단체들이 이런 국회 질의에 반대하는 공문을 보내는 것은 본능적인 행동일 뿐이다.

국회 입법 좌절의 보다 심층적이고 광범위하며 강력한 원인은 다수의 국민 정서다. 국회의원들은 국민 정서에 민감하다. 타투에 대한 국회의원 개인의 시선도 부정적일 수 있지만, 그들에게 본인의 취향보다 중요한 것은 다수 국민의 성향이며 그들의 표심을 사는 것이다. 일부 시민 단체와 여론에 의해 발의된 법안이라도 국민 다수가 관심이 없거나 반대하는 사안이라면 국회의원도 이를 통과시키기 어렵다. 지난해 여름 국회에 등장한 정의당 류호정 의원의 타투 퍼포먼스가 논란을 불러일으켰다. 등이 드러난 보라색 드레스를 입은 류호정 의원 몸에 보라색 꽃과 풀잎 모양의 타투가 새겨져 있었다. 차후에 그것이 진짜 타투가 아닌 반영구 타투 스티커라는 게 알려졌지만, 대국민적 관심을 끌어모으는 데 성공했다. 그러나 안타깝게도 대국민적 지지를 얻진 못했다. 해당 퍼포먼스를 다룬 기사에 달린 댓글 중에는, 시국이 어려운데 국회의원이 국민 삶에 시급한 일은 뒤로하고 타투업 입법에 매진하는 모습이 부적절해 보인다는 지적이 많았다. 비의료인의 타투 시술이 불법인 상황에서 직업적 자유가 보장되지 않는 타투이스트들에게 이보다 시급한 문제는 없을 것이다. 그러나 코로나19 사태로 환자들을 간호할 인력과 병상이 부족하고, 수많은 자영업자들이 경제적 어려움에 처해 도산하는 걸 흔히 볼 수 있는 현실에서, 일반 대중에게 타투 합법화는 여전히 후순위 안건이다.

오랜 기간 비의료인의 타투 시술 합법화를 주장해 온 나 또한 일면 공감하는 부분이다. 국회의 역할은 특정 계층이나 세대가 아닌 다수 계층과 세대가 공감하는 사안을 우선적으로 해결하는 것이라고 생각한다. 이 사안에 있어서도 전략적으로라도 다수의 대중이 공감할 수 있는 보편적인 접근 방식을 택할 때, 비로소 입법의 길이 열린다고 생각한다.

결국 '누가 일반인의 타투 시술 합법화를 막는가?'라고 질문한다면 그 답은 국회의원이 아니다. 국민 다수다. 국민들이 타투 합법화에 동의하는 순간 투쟁은 끝날 것이다. 국민 다수의 마음을 움직일 논리를 갖추지 않는 한 합법화는 요원할 것이다. 국회의원들이야말로 국민의 속내를 가장 잘 알고 있고 그들이 국회를 움직이기 때문이다. 그렇다면 타투 합법화가 전 국민적인 공감대를 얻을 수 있는 호소력 있는 구호는 무엇인가? '안전과 생명'일 것 같다. 판데믹 이후 우리 사회는 안전이라는 단어에 포위돼 있다. 모든 가치가 안전이라는 기준 아래 판단된다. 타투 합법화의 투쟁 논리도 안전을 떠나선 힘을 얻기 어려울 것이다. 표현의 자유, 직업 선택의 자유라는 구호는 내 자신과 가족의 건강과 안전보다 더 급해 보이지는 않는다. 서로 부딪치는 기본권들 사이에서 선택은 다수의 관심과 이해에 따른다. 다수가 안심할 수 있는 대안들이 제시되지 않는 한, 합법화 과정은 또 다른 분쟁의 연속일 뿐이다. 나와 가족의 생명을 위해 지난 2년간 우리 사회는 많은 것을 포기했다. 내가 누굴 만나고 어디서 밥을 먹는지 등 지극히 민감한 개인 정보나 사생활에 대해서도 모두를 위한 역학 조사라는 명분에 대다수 국민은 묵묵히 받아들이고 협조해 왔다. 타투도 마찬가지다. 타투 및 반영구 화장 시술 소비자 1300만 명이라는 추정 인구의 적극적인 지지를 이끌어 내려면, 그리고 나머지 4000만 명의 마음을 녹이려면, 안전과 생명이라는 가치에 주목해야 한다. 어느 특정 계층이나 집단이 의도적으로 비의료인의 타투 시술 합법화를 막고 있다는 근거는 없다. 그럴 정도로 이 분야에 관심 있는 일반 국민도 많지 않다. 역사상 어렵게 통과한 모든 법안들은, 조금씩 쌓여 온 과정들이 어느 순간에 때를 만나 터져 나온 것이다. 일반인의 타투 시술 합법화도 그때를 향해 가고 있다고 믿는다.

국회만이 답인가

좋은 곡식을 얻기 위해서는 단지 좋은 토지와 종자만 필요한 게 아니다. 급격한 기후 변화와 병충해로부터 작물을 보호해 주는 관리가 필요하다. 그래야 일정 시간이 지났을 때 풍요로운 수확물을 얻을 수 있다. 타투도 같은 과정이 필요하다. 아무리 재능이 뛰어난 시술자라도 불법이라는 척박한 환경에서는 좋은 결과를 얻기 어렵다. 시술자들이 안심하고 일할 수 있는 투명한 환경을 만들어 줄 때야 비로소 더 섬세하고 안전한 결과물이 나온다.

지난 20년을 돌이켜 보자. 많은 관계자들의 노력에도 불구하고 국회 입법 과정에서 유의미한 진전이 한 번이라도 있었나? 매번 타투 시술자와 소비자들을 좌절시켜 왔을 뿐이다. 최근 몇몇 국회의원들이 의욕적으로 타투 관련 입법 활동을 추진해도 상당수 시술자들이 냉소적 태도를 보이는 것도 이 때문이다. 입법 활동이 정치적인 쇼라고 폄하하는 극단적인 시각도 나타나고 있다. 이런 상황에서 답보 상태의 국회 입법 과정을 거치지 않고 타투 시술 자격을 확대할 수 있는 행정부의 조치는 없는 것일까? 현재 의사에게만 독점적으로 권한이 주어지는 체제를 개선할 방법은 없을까?

의료는 최상의 서비스가 아니다. 일정 수준 이상의 지식과 경험을 갖춘 사람이 제공하는 용역이다. 현행법상 타투는 의료 행위이기에 의사만 할 수 있다. 그러나 실제로 병원에서 일어나는 많은 의료 행위들을 의사를 대신해 간호사 혹은 간호조무사가 수행하는 경우가 흔하다. 동네 의원에서 엉덩이에 근육 주사를 맞을 때 의사가 직접 주사하는 경우는 보기 어렵다. 또한 영양제를 혈관으로 주사하는 업무도 간호사들이 주로 한다. 의료 행위는 반드시 의사만 해야 한다는 논리는 법률적 구호이지 현실과 다르다. 수많은 의료 행위를 의사가 아닌 의료인 혹은 준의료인이 행하는 게 관례로 굳어 왔다. 그렇다면 타투도 반드시 의사가 해야 할 이유는 없다. 오히려 다른 의료 행위와 마찬가지로 의사가 아닌 간호사 혹은 간호조무사가 타투 시술을 대행할 수 있도록 법적 장치를 마련하는 것이 한 방법일 수 있다.

대한간호협회와 대한간호조무사협회에 따르면 국내에는 간호사 35만 명, 간호조무사 70만 명이 등록돼 있다. 100만 명이 넘는 의료 자원이 모두 병원에서 근무하는 것은 아니다. 상당수는 전혀 다른 분야에서도 종사한다. 타투 시술의 자격 요건을 완화해 그 범위를 간호사와 간호조무사까지 확장하면 어떨까. 행정 당국은 별도의 입법 절차 없이 100만 명에 달하는 시술자를 확보할 수 있고, 시술자 입장에서도 타투나 반영구 화장 시술 자격의 장벽은 낮아질 것이다. 게다가 일정 수준의 의학적 지식과 임상 경험을 겸비한 시술자들이라는 점에서, 의사 단체의 우려도 줄고 국민도 안전상의 문제에 있어 더 안심할 수 있을 것이다. 실제로 간호사와 간호조무사 자격을 갖춘 반영구 화장 시술자들을 오래전부터 주변에서 봐왔다. 의학 지식이 전혀 없는 시술자에 비해 인체를 이해하는 폭과 깊이가 다르며 자신의 분야에서 의료인으로서의 자격을 인정받고자 소속 단체를 통해 목소리를 내고 있다.

또 누구나 의과 대학을 졸업하지 않아도 훨씬 짧고 효율적인 교육 과정을 거쳐 합법적으로 시술할 수 있게 된다. 1년간 간호조무사 자격 양성 학원에서 소정의 과정을 거치는 것이 하나의 방법이다. 미국에선 간호사들이 퇴직 혹은 이직 등으로 병원을 떠나면서 메디컬 타투 시술자로 변신하는 경우가 많다. 특히 유방암 수술 이후 유륜과 유두의 결손이 있는 경우 메디컬 타투는 수술 집도의에게도 좋은 선택지가 된다. 메디컬 타투를 통해 유두와 유륜을 자연색에 가깝도록 해당 부분에만 타투 잉크를 주입함으로써 수술 자국에 대한 부담을 덜 수 있기 때문이다. 이런 과정은 일반 수술로는 불가능한 영역이다. 심지어 미국 정부는 보험 정책을 통해 메디컬 타투 피술자에게도 일반 질환과 동등한 의료 보험을 적용해 주고 있다. 의료인을 통한 타투, 의료 보험이 적용되는 타투는 허무맹랑한 얘기가 아니라 지구 반대편에선 이미 보편화된 현상이다.

시술 자격만 넓힌다고 끝이 아니다. 시술자 교육 체계

또한 함께 혹은 자격증 도입보다 먼저 마련돼야 한다. 우리 병원에도 최근 몇 년간 타투 교육 문의가 급증하고 있다. 의사가 아닌 일반인에게 타투를 교육하는 것 자체가 불법인 현실에서 이들의 요구를 수용하기 어렵다. 타투를 교육만이라도 할 수 있도록 행정 당국에 여러 차례 질의와 청원을 했으나 돌아오는 답변은 "불법적 시술을 전제로 한 교육은 결국 불법 시술자를 양성하는 것이어서 허용할 수 없다"였다. 즉 국내에 1만 명의 타투이스트가 있다고 가정한다면, '타투를 배운다'는 것 또한 1만 가지의 의미로 그 과정과 방식이 제각기 달랐을 것이다.

타투 잉크와 안료 시장은 그 분야의 전문가가 아니면 쉽게 이해할 수 없을 정도로 하루가 다르게 세분화하고 있다. 주먹구구식의 도제식 교육에 머물러선 타투 머신의 구조와 기능, 인체 부위별 혹은 피부 두께에 따른 시술 술기, 잉크 사용 시 피부 알레르기 반응과 이에 대한 대처를 배울 수 없다. 통일된 교육 과정이 생기고, 이를 담당할 기관을 정부가 지정하고 관리하면 이 문제는 해결된다. 뿐만 아니라 이 과정을 거치며 수강생들은 타투이스트로서의 책임 있는 자세를 배울 수 있다. 우리는 직업 교육 기관에서 기술만 배우지 않는다. 선생님 또 함께 공부하는 동료와 소통하며 직업의식도 갖추게 된다. 이처럼 어느 정도 균질화된 필수 교육 과정 속에서 기술을 습득하고 정직한 직업 윤리를 바탕으로 성장할 때 타투 산업은 기형적 문화 현상이 아닌, 안정된 직업으로 인정받게 될 것이다.

지난 20년간 국회의 입법 과정에선 타투와 반영구 화장을 동일시해 왔다. 많은 사람들이 시술 부위만 다를 뿐이지 시술 자체는 같은 것이라고 믿는다. 그러나 실제로 타투와 반영구 화장 시술자들은 각기 다른 사고 체계를 갖고 있다. 단지 '문신'이라는 키워드 아래 동일한 법률적 규제를 받고 있을 뿐이다. 타투이스트들에겐 스스로 예술가라는 자부심이 앞선다면 반영구 화장 종사자들은 미를 추구하는 미용사라는 인식이 강하다. 사용하는 도구와 시술 과정도 당연히 이런 관점에서 다르다. 좀 더 강력하고 단시간에 효율적으로 잉크를 주입할 수 있는 기계를 선호하는 타투이스트와 달리, 반영구 화장 시술자들은 작고 섬세한 기구를 우선적으로 사용한다. 사용하는 잉크도 타투는 영구적으로 남을 잉크를 사용한다면 반영구 화장은 그 명칭에 걸맞도록 시간의 경과에 따라 자연 소실되는 잉크를 쓴다. 마취제 또한 타투이스트의 경우엔 제한적으로 마취제를 사용한다. 반영구 화장에선 모든 시술에 예외 없이 마취 연고를 바른다. 이런 극명한 차이를 한 개의 법률로 규정하기란 불가능해 보인다. 물과 기름과도 같은 두 업종은 각기 다른 입법 혹은 행정법으로 다루는 것이 현실적이다. 즉 타투이스트는 문신사법으로, 반영구 화장 시술자는 미용사법으로 접근해 각기 특화된 역할과 기능을 보장해 주어야 할 것이다.

타투 및 반영구 시술 합법화의 새로운 돌파구로 이런 교육 과정을 제시하면 반영구 시술자들은 적극적으로 지지하는 반응이다. 하지만 타투이스트들은 강한 거부감을 나타낸다. 지금도 시술을 잘 하고 있는데 간호 학원까지 다녀야 하는가에 대한 번거로움과 부담 때문이다. 충분히 이해되는 입장이다. 일반 의료인, 혹은 준의료인들이 타고나지 못한 예술가로서의 감각과 창의력은 분명 그들의 재능이다. 그러나 지난 20년간 끌어온 기약 없는 합법화 논란을 1년의 정해진 교육과정으로 종결할 수 있다면 이를 마다할 이유가 있을까? 예술가로서의 위상이 낮아질 수는 있지만 현실적으로는 가장 빠르게 실현 가능한 합법화 방안이다. 그동안 입법 과정에 부정적 목소리를 낸 보수 시민 단체도 이를 수용할 가능성이 높다. 국민 건강에 대한 우려는 타투를 싫어하는 사람들에게 타투 합법화를 반대하는 데 꽤 유용한 근거였다. 국내의 수많은 재능 있는 타투이스트들이 일정 수준의 의료 교육을 이수한다면, 그 근거를 불식하고 당당히 재능을 펼칠 수 있을 것이다.

모든 상처를 병원에서 치료할 순 없다

얼마 전 몽골 출신의 한 여성분 손에 헤나 문양 타투를 시술해 드렸다. 손등과 손목을 모두 가릴 정도의 크기로, 누가 봐도 압도될 만한 멋진 타투였다. 40대 중년의 나이임에도 마냥 즐거워하던 모습을 보며 타투는 나이, 계층을 떠나 자기표현의 방식으로 자리잡은 시대임을 실감했다. 그러나 '남에게 멋지게 보이기 위해서'가 타투를 하는 유일한 이유는 아니다. 몸에 상처가 있는 경우 이를 가리기 위해서도 타투는 자주 이용된다. 우리 병원의 경우 열 명 중 여섯 명 정도가 상처를 가릴 목적으로 타투 시술을 의뢰한다. 이들에게 타투는 멋진 장식이 아니라 상처를 숨기기 위한 수단일 뿐이다.

얼마 전 내원한 한 중년 여성은 엉덩이에 화상 상처를 타투로 가리기를 원했다. 태어나 채 돌도 지나기 전에 어머님이 끓여 놓은 뜨거운 목욕물에 화상을 입어서 생긴 손바닥 크기의 상처였다. 중년이라는 나이와 엉덩이라는 부위의 특수성으로 타투를 결정하기 쉽지 않았을 것으로 보였다. 어떤 방법으로든 이 상처를 가리고 싶고, 타투에 관심은 없었으나 상처를 가릴 수만 있다면 타투도 괜찮겠다는 생각이 들었다고 한다. 남편과 딸의 적극적인 응원에 힘입어 내원했다는 그는, 커다란 나비를 그려 드리자 정작 나비보다는 가려진 상처에 만족하는 모습이었다. 한 남성은 가슴과 배에 15센티미터 길

이의 수술 상처를 갖고 찾아왔다. 흉터 위에 대나무 가지를 그려 넣어 수술 자국을 완전히 가려 주길 바랐다. 보통 사람들 눈에는 식별이 어려울 정도의 실밥 자국까지 가리기를 원해서 시술은 예상보다 많은 횟수로 진행했다. 실밥 자국 한 땀까지 대나무 잎으로 덮는 총 네 차례의 시술을 거쳐 상처가 모두 가려졌다. 그제야 비로소 이 남성은 여름에 웃통을 벗어도 되겠다며 만족스러운 표정으로 돌아갔다.

색소성 질환에 타투를 적용하는 사례도 늘고 있다. 피부의 색소가 빠져 하얗게 보이는 백반증이나 혈관 이상으로 피부가 붉게 보이는 혈관종 혹은 화염상모반을 타투 시술로 가리려는 경우가 대표적이다. 이런 질환은 전염성이 없음에도 사회생활의 제약이 된다. 타인의 지나친 관심과 우려가 환자들에게는 부담이 되고 결국 이를 감추고자 노력하게 만든다. 최근 한 50대 남성이 허벅지 화염상모반이 있는 상태로 내원했다. 붉게 변한 피부를 완전히 가릴 수 있도록 해달라는 요청에, 잉어 그림으로 타투 시술을 진행했다. 오직 질환이 있는 부분에만 시술해 달라는 요청은 시술자인 나로서는 상당한 부담이었다. 마무리될 무렵, 작고 붉은 점 한 개가 다른 붉은 점과 떨어져 있었는데 이 또한 가리길 원했다. 아주 작은 점이라 주의 깊게 보지 않으면 보이지 않는 것인데도 피술자는 무척 신경을 썼다. 결국 흩날리는 작은 꽃잎으로 가렸다.

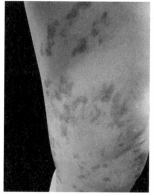

화염상모반을 가리기 위해 시술한 잉어 타투

이를 본 남성의 안도하는 모습이 지금도 기억에 남는다. 타인의 눈에는 보이지 않았을 작은 점에도 노심초사하는 모습에 시술자로서 번거로움보다 안타까움이 앞섰다.

상처를 가린 타투를, 다시 한번 지우기 위해 병원에 오는 분들도 많다. 그중 자해 흔적을 가리기 위한 타투가 특히 눈에 띈다. 힘든 시절 남긴 몸 여기저기의 흔적들을 타투로 가린 경우다. 그들이 시간이 지나 어쩔 수 없이 타투를 제거하러 온 이유는 사회적 시선 때문이다. 우리 병원에도 일주일에 열 명 이상의 피술자가 같은 이유로 찾아온다. 그중 미성년자도 절반을 차지한다. 제거에 따른 통증도 상당한데, 다시 보게 되는 과거의 상처에 많은 피술자들이 힘들어한다. 삶의 고단함을 아픔으로 달래 보려 했던 것이 또 다른 아픔을 남기게 되는 모습에 나 또한 착잡해졌다.

지난 20년간 여러 시술 경험을 거치며 알게 된 사실이 있다. 몸의 상처를 가진 사람들은 마음의 상처도 같이 갖고 있다는 점이다. 다른 사람 눈에는 거의 띄지 않는 상처도 본인에게는 커다랗게 보인다. 많은 시술을 통해 그들과 같은 눈을 가지려 해도 상처를 가진 사람만이 볼 수 있는 상처의 깊이는 오랜 기간의 경험에도 불구하고 아직도 적응하기 어려운 부분이다. 긴 시간 타투는 부정적 시선의 표상이었다. 타투한 사람은 조폭, 가방끈이 짧은 사람으로 폄훼되던 시절도 있었다. 그러나 이때까지 내가 만난 타투 피술자들은 한 집단으로 묶을 수 없을 정도로 다양한 직업, 학력, 연령, 성별의 사람들이었다. 상처는 누구나 가질 수 있다. 오늘 없다고 해도 내일 생길 수도 있다. 말과 행동에서 수많은 상처에 노출되는 게 일상인 현대 사회에선 더욱 그렇다. 그 상처를 모두 현대 의학으로 가릴 수는 없다. 타투를 바라보는 편견은, 이제 빛바랜 사진첩처럼 과거에 묻어 두었으면 한다.

정이 많은 민족

우리나라 사람들은 참 정이 많다. 오랜만에 만난 친구를 보며 뚱뚱해졌다고 놀리는 것은 애교 수준이고, 모 연예인의 외모에 대해 집요하리만큼 성형 의혹을 제기하는 것으로 그 절정을 이룬다. 당사자가 시인하면 환호를 보내고, 부인하면 가혹하게 파헤친다. 과거 졸업 앨범 사진은 기본이고 친구들과 찍은 사진까지 샅샅이 뒤져서 진실 아닌 진실을 규명한다. 왜 우리는 이토록 타인의 몸에 집착할까? 누구에게나 감추고 싶은 모습이 있는 건 당연한 게 아닌가?

자신의 몸은 본인 스스로 온전히 관리할 수 있을 때 아름답다. 본인의 신체는 지극히 사적인 영역이며 또 하나의 개인 정보다. 그런데 우리 사회에선 나의 알 권리를 위해 누군가의 사생활이나 자유가 희생되는 현상이 비일비재하다. 나 또한 이런 인식이 부족해 혼쭐난 경험이 있다. 사석에서 너무 젊어 보이는 한 여성에게 나도 모르게 나이를 질문한 것이다. 성형외과 의사라는 직업병 탓에, 동안이라는 것을 칭찬해 줄 의도였으나 받아들이는 측에서는 매우 불쾌하게 생각하는 모습이었다. 타투도 마찬가지다. 몸에 새긴 타투 그림이 '예쁘다', '별로다'를 제삼자의 시선으로 먼저 논할 필요도 없다. 한국 사회가 조금은 더 타인의 신체에 무심했다면, 타투 합법화 논쟁은 애초에 시작하지 않았을 것이다.

몸 자체만큼이나 몸의 상처도 지극히 개인적이다. 상처에는 나름대로 사연이 있기 때문이다. 상처가 형성될 당시의 특수한 사정들, 그와 연관된 사람들과의 관계가 한 인간의 삶을 좌지우지할 정도의 중요한 사건이 될 수도 있다. 이런 환자들을 대할 때면 다양한 사연들이 짧은 시간에 쏟아져 나온다. 대개 말보다 눈물이 먼저, 많이 터진다. 그래서 진료실에는 손 닿을 곳에 티슈를 꼭 준비해 둔다. 상담 중에 우는 사람이 많아서 꼭 필요한 아이템이 되어 버렸다.

눈물 없이 말할 수 없는 상처라면 이를 평생 갖고 살아야 하는 사람들의 마음은 어떨까? 상처를 갖고 내원한 많은 환자들이 주변으로부터 "그 정도 상처를 가지고 뭐 그리 신경을 쓰나!"는 말을 들을 때 가장 가슴 아프다고 얘기한다. 물론 주변 사람들의 심정을 이해한다. 상처 가진 사람을 위로하려는 의도도 충분히 알고 있다. 그러나 자신의 입장에서 공감해 줄 사람이 없다는 외로움에서일지, 자신의 말을 믿어 주지 않는 사람들에 대한 원망인지, 환자들은 그 어떤 이유에서든 또 다른 상처를 받는다.

모든 타투가 몸과 마음의 상처를 치유하진 않는다. 모두가 쉽게 타투를 결정하고 시술받길 원하는 것도 아니다. 타투는 영구적으로 몸에 남고 지우기도 어렵기에 늘 신중해야 한다. 다만 나는 사람들이 보다 관대해졌으면 좋겠다. 비의료인의 타투 시술 논란을 두고 30년이라는 긴 세월이 흘렀다. 누군가에게는 전혀 생소한 얘기겠지만 당사자들에겐 오랜 세월의 고통이다. 지금 이 시간에도 불법의 굴레를 쓴 많은 젊은 예술가들과 편견 섞인 시선을 감수하는 다수의 타투 피술자들이 있다. 그들에게 가장 필요한 것은 국회 입법, 교육 기관 마련 같은 사회적 장치가 아닐지 모른다. 어쩌면 무관심이야말로, 타인에 대한 가장 깊은 존중이자 타투 합법화 논쟁을 종식할 강력한 열쇠일 수 있다.

에필로그

몸에 타투 있으세요?

"몸에 타투 있으세요?" 오랜 세월 타투 시술자로 일해 온 내가 자주 듣는 질문이다. 나는 처음 타투업을 시작할 때 타투를 남에게는 해줘도 내 몸에는 새기지 않겠다고 아내와 약속했다. 교회 전도사였던 아내에게 퇴근 후 몸에 타투를 했는지 검사받을 때도 있었다. 내 몸에 타투가 있기는 하다. 그러나 다른 사람들이 생각하는 그림 타투는 아니다. 새로운 타투 잉크가 시판될 때마다 시험용으로 내 몸에 먼저 새겨본 것이 전부다. 제조사가 주장하는 대로 발색될 것인지 아니면 쉽게 변색되는 잉크인지를 관찰할 목적으로 새긴 것이다. 타투 제거 전용 레이저에 잘 제거되는지까지 확인할 수 있어서 참 쓸모가 다양한 타투다. 왼쪽 다리 안쪽에 여러 개의 점을 나란히 새긴 타투는 마치 무협 영화의 소림사 스님 두피에 새긴 점과 닮았다. 내 몸에 화려한 타투가 없는 것에 의아해하는 사람들도 가끔 있다. 남들에겐 용이니 호랑이니, 그렇게 근사한 그림들을 그려 주고 왜 정작 본인은 작은 점만 몇 개 찍냐는 것이다. 그래도 타투를 더 많이 새길 생각은 없다. 아직까지 내 주변에도 타투를 부정적으로 보는 시선이 우세하기 때문이다.

타투 분야에서 의사로 혼자 일하다 보면 많은 오해를 받게 된다. 병원 벽에 붙은 많은 타투 도안과 관련 자료들은 이곳이 정말 병원이 맞는지 의심하게 만든다. 2년 전 서울 남대문 경찰서에서 우리 병원을 방문했다. 의사가 맞는지 조사하기 위해서였다. 인근에서 신고가 들어왔다고 한다. 의사 면허증을 보여 주고 보건소에서 발행한 의료 기관 개설 필증을 확인시켜 줘야 했다. 일반 의사로서는 겪지 않았을 일이지만 그래도 이런 일을 수없이 당할 전업 타투이스트들을 생각하면 단순한 해프닝이지 싶다. 알고 지내는 한 시술자는 문소리만 나도 가슴이 내려앉고 겁이 난다고 하더라. 혹시 단속반이 들이닥치는 것이 아닐까 걱정이 돼서.

다행히 타투를 하면서 행복한 경험이 훨씬 많았다. 특히 앞으로도 오랫동안 이런 시술을 해달라는 손님들의 격려는 지친 몸과 마음에 비타민이 되어 준다. 기억도 안 나는 어린 시절에 다리에 화상을 입어 종아리 전체가 일그러진 한 여성이 있었다. 평생 치마를 못 입었는데, 타투 시술 후 반바지도 입고 다닌다고 좋아하시는 걸 봤다. 가슴에 큰 점이 있어 한여름에도 웃통을 못 벗던 청년에게 시술해 준 부엉이 타투는 그에게 당당함의 지렛대가 되어 주었다. 한때 우울증을 겪었던 소녀의 팔에 있던 자해 상처는 아름다운 장미로 재탄생했다. 그들에게 타투는 아픈 과거와 지금의 삶을 단절해 주는 도구였으며, 그 행복한 표정을 한 번이라도 본 사람들은 타투 시술을 마치 중독성 강한 마약처럼 끊지 못하는 내 마음을 이해할 것이다.

타투 시술을 시작하고 몇 년쯤 지났을 때였다. 경력이

쌓이니 자신감이 생겼다. 그래서인지 어느 때부터인가 고객이 요구하는 작품의 수준이 낮아 보이기 시작했다. 잔소리가 심해졌고 내가 원하는 방향으로 상대방이 결정하도록 압박하기도 했다. 물론 전문가의 조언이라는 그럴듯한 말로 포장했으나 사실은 '제 눈에 안경'과도 같은 것이었다. 10년 전, 가슴에 용을 넣고 싶어 하는 사람이 본인이 새기고 싶다는 그림을 보여 줬다. 그가 원하는 그림은 선이 단조롭고 단색이라 조악한 느낌이 들었다. "아, 평생 몸에 남을 작품인데 동화에나 나올 법한 용의 모습이 괜찮으시겠어요?" 나의 반응에 고객은 적잖이 실망하는 표정이었다. 나는 더 괜찮은 그림을 꺼내 보여 주며 설득해서 그 그림으로 타투를 완성했다. 그러나 정작 결과물에 대한 고객의 만족도는 낮았다. 그에게 타투는 단조롭고 선명한 색이어야 한다는 기준이 있었을 텐데 나는 이를 무시했다는 생각이 들었다. 그는 슬픈 얼굴로 본인이 처음에 가져왔던 그림에 대한 얘기만 하다가 돌아갔다. 고객을 보내고 나서 많은 생각이 들었다. 더 나은 그림으로 시술했어도 고객을 만족시키는 데 실패한 느낌이었다. 곰곰이 생각해 보니, 그림을 보는 안목과 기술은 좋아졌는데 고객에 대한 이해도는 오히려 떨어졌기 때문인 것 같았다. 시간이 지나며 깨닫기 시작했다. 손님이 아무리 멋진 그림을 가져와 똑같이 그려 달라 해도, 타투는 자로 잰 듯 정확할 수 없다. 또 아무리 잘난 타투이스트라도 타투는 그의 감각만으로 완성되지 않는다. 결국 타투는 의뢰인과 창작자가 함께 만들어 가는 대화의 결과물이며, 그 대화가 깊고 진솔할수록 좋은 결과물이 나온다. 이것들을 이해하게 됐을 무렵, 나는 비로소 철이 들었다.

주

1 _ 김대중·최은진·권진·심정묘·김보은, 〈문신 시술 실태조사 및 안전 관리 방안 마련〉, 한국보건사회연구원, 2019.

2 _ 2018년 11월 21일 식품의약품안전처에서 주최한 제8회 식품·의약품 안전 열린 포럼. 문신용 염료 제품 안전 관리 현황을 소비자들에게 공유하고, 향후 관리 방안을 논의하는 자리였다.

3 _ European Synchrotron Radiation Facility, 〈Nanoparticles from tattoos travel inside the body〉, 《Scientific Reports》, 2017.

4 _ 김대중·최은진·권진·심정묘·김보은, 〈문신 시술 실태조사 및 안전 관리 방안 마련〉, 한국보건사회연구원, 2019.

5 _ Anne E. Laumann, 〈Tattoos and Body Piercings in the United States: A National Data Sets〉, 《Journal of the American Academy of Dermatology》, 2006.

6 _ 김예나, 〈"왜곡된 사실" 퀸와사비 VS "악의적 편집" 케리건메이, '타투 논란' 쟁점#3〉, 엑스포츠뉴스, 2020.6.3.

7 _ 김준형·조명신, 《타투노트》, 으뜸프로세스, 2019.

8 _ 박정수·김수경·김민정·김선경, 〈서화문신행위 실태 파악을 위한 기획연구〉, 한국보건의료연구원, 2014.

9 _ 김대중·최은진·권진·심정묘·김보은, 〈문신 시술 실태조사 및 안전 관리 방안 마련〉, 한국보건사회연구원, 2019.

북저널리즘 인사이드

내일 당장 타투가
합법화된다면

지난여름 홍대 부근 어느 타투 숍에서였다. 젊은 타투이스트 여럿이 함께 사용하던 공동 작업실로, 시설도 인테리어도 깔끔했다. 그런데 시술 직전 타투이스트와 작은 마찰이 있었다. 원래 생각했던 부위에서 타투 위치를 약간 옮기고 싶다고 하자, 그는 "예민한 손님은 받고 싶지 않다"고 답했다. 그의 날카로운 모습이 한편으론 이해가 됐다. 처음 위치도 나쁘지 않은 터라 그대로 시술했다.

타투이스트들과의 소통이 간단치 않았던 건 그때가 처음이 아니다. 방어적이거나 퉁명스러운 타투이스트를 만날 때면 나는 이들을 멋진 작품을 만들어 내는 예술가로 생각해야 할지 혹은 일정 금액을 받고 서비스를 제공하는 사람들로 생각해야 할지 고민됐다. 그들의 작품을 존중하고 싶은 마음과 내 안전과 만족을 챙기고 싶은 마음이 충돌했다. 그 일들을 통해 깨달은 것은, 지금 타투를 바라보는 사회적 분위기와 현행법으로는 타투이스트와 시술자 모두 을乙이 되는 기형적인 구조를 벗어나기 어렵다는 점이다.

그럼 갑甲은 누구인가? 타투 합법화 논쟁의 가장 큰 수수께끼다. 비의료인 타투 시술이 법적으로 금지되어 있다고 해서 혜택을 보는 사람은 아무도 없다. 타투를 좋아하지 않는 사람들, 몸에 그림을 새긴다는 상상을 해본 적 없는 사람들, 말하자면 실제 이 산업과 가장 멀리 떨어진 이들만이 오랜 관습이 관성적으로 유지되는 걸 반길 뿐이다.

　더불어민주당 이재명 대선 후보가 '소확행' 45번 공약으로 타투 합법화를 내세웠다. 대선이 코앞인 현시점 급히 내거는 수십 가지 공약 가운데 하나일 뿐, 그 진정성은 미지수다. 타투에 대한 사회적인 공감대는 여전히 낮은 편이고, 부동산과 취업에 관한 거대한 공약들에 역시나 쉽게 묻히며, 여전히 소수가 자유를 외치는 부담스러운 이야기로 들린다.

　공감대가 낮은 것도 있지만 무엇보다 관심이 없다. 관심만 없다면 다행인데 걱정은 또 많다. 타투가 위험할 거라는 이유로, 아직은 많은 국민이 싫어할 거라는 이유로, 우리는 오랜 시간 '사회적 합의'를 핑계 삼아 사회적 합의를 미루어 왔다. 이 책은 타투업 양성화 추진을 위한 적극적인 움직임을 도모하는 행동 강령이 아니다. 다만 타투를 바라보는 우리의 마음에 질문을 던진다. 나와는 관계없다고 생각해 온 이야기에 우리는 언제까지 무심할 수 있을까. 나와 다른 것들에 대한 불만과 차별을 걱정이란 미명으로 어디까지 합리화할 수 있을까. 타투 합법화 갈등은 우리 사회가 암묵적으로 용인해 온 차별을 보여 주는 하나의 단면일 뿐이다.

　내일 당장 타투가 합법화된다 해도 많은 것이 달라지진 않을 것이다. 타투를 반대하는 사람들은 몸에 타투가 있는 이들을 전과 같이 따가운 시선으로 바라볼 것이다. 미운 말은 삼

키더라도 탐탁지 않은 속내는 여전할 것이다. 즉 비의료인의 타투 시술 합법화는 논의의 끝이 아닌 시작이다. 타투 합법화 갈등은 마치 의사들과 타투이스트들의 세력 다툼인 것처럼, 진보와 보수의 충돌인 것처럼 이분화되어 왔다. 90년대식이다. 지금 타투는 누군가에게 기억을 지우거나 새기는 도구다. 누군가에겐 상처를 치료하는 기술이고 누군가는 자부심을 갖는 일이다. 찬반이 아닌 다양한 크기와 형태의 목소리에 주목할 때 우리는 2020년대식에 가까워질 수 있다.

걱정은 충분했다. 이젠 낡은 관습과 불필요한 걱정들에서 벗어날 필요가 있다. 비단 타투만이 아닌, 모든 다름에 관한 이야기다.

이다혜 에디터